Harald Lill

Warum wollen Volleyballer Volleybälle ballern?

Hundert Millionen Verrückte
können nicht irren

philippka

Inhalt

Wissenswertes über den Volleyball-Wahnsinn

Wenn ein irres Tier die Murmel nach einem affengeilen Spielzug so versenkt, daß drüben die vorgezogene Sechs einen neuen Scheitel bekommt, dann wird der sportinteressierte Laie ahnen, daß es sich nicht um Minigolf handelt! Läufer, Schüsse, irre Tiere – welche Show wird hier eigentlich abgezogen?! Beschreiben wir also die geschilderte Spielszene gleich noch einmal und diesmal etwas ausführlicher.

Endlich wieder eine saubere Annahme! Nach vierzehn in Serie abgegebenen Punkten wurde es auch Zeit. Der Spielmacher („Läufer!") läuft aus dem Hinterfeld vor ans Netz auf die Zuspielposition, um einen Angriff zu inszenieren. Nach vierzehnmaligem vergeblichen Laufen darf sich nun endlich sein geballter Spielwitz entladen! Er läßt zwei seiner Mitspieler eine schnelle Kombination antäuschen und bedient den dritten Angreifer mit einem schnellen flachen Paß („Schuß!") auf der Außenposition. Der gegnerische Block hat keine Chance! Der angespielte Angreifer kommt völlig frei zum Schlag. Im vollen Bewußtsein seiner zwei Meter Körpergröße und hundertfünf Zentimeter Sprungkraft („irre Tiere!") verzerrt sich sein Gesicht in der Luft zu einem teuflischen Grinsen. Kein Block!! Wie ein Dampfhammer drischt die klodeckelgroße rechte Hand den Ball jenseits des Netzes fast senkrecht nach unten! „Spektakulär!", denkt sich erfreut der Zuschauer, während der in vorderster Front stehende gegnerische Abwehrspieler vermutlich für ein paar Minuten ausgewechselt werden muß.

Mannschaftstennis ohne Schläger? Mit 0:14 im Rückstand, um dann aufzudrehen wie ein Weltmeister? Überlebenstraining in der Feldabwehr?

Volleyball! Wo athletische Angreifer in der Sprache der Spieler liebevoll als „irre Tiere" bezeichnet werden, wo nur die gelungensten Spielzüge das neudeutsche Prädikat „affengeil" verdienen und wo ein quergespanntes Netz die eleganten Knüppler trennt – da muß es sich um Volleyball handeln!

Volleyball ist keine gewöhnliche Sportart. Volleyball ist der totale Wahnsinn. Stark, verrückt und faszinierend! Aber kann man diese wichtige Wahrheit irgendwo nachlesen? Bisher gab es zum Thema Volleyball leider nur strohtrockene Fachliteratur. Alle Welt schreit „Volleyball macht Spaß!", aber nirgends steht, warum. Alle Volleyballer fühlen, daß sie verrückt sind, aber niemand macht sich darüber lustig. Sportwissen-

Weiße Murmeln, weiße Blätter

schaftler analysieren den Volleyballspieler bis in seine letzte Muskelfaser, aber mit seinem merkwürdigen Hirn beschäftigt sich offenbar niemand! Warum eigentlich wollen Volleyballer Volleybälle ballern?

Volleyball erfordert Köpfchen, behaupten Volleyballer. Leider neigen menschliche Köpfchen fatal dazu, durchzudrehen, wenn sie zu sehr von einer Sache gefesselt sind. Darum haben Volleyballer ein Problem. Um in unserer Gesellschaft nicht als kranke Randgruppe ins Abseits gestellt zu werden, sind Volleyballer bestrebt, ihre Sportart so populär zu machen, daß letztlich nur die in die Klapsmühle kommen, die n i c h t am Volleyball-Wahnsinn beteiligt sind!

Es ist doch verrückt, daß Volleyball, eines der populärsten Mannschaftsballspiele der Welt, trotz eines ganz ordentlichen Aufschwungs in den letzten Jahren in Deutschland auf den Durchbruch immer noch wartet. Viele Bundesligaspiele rollen vor wenigen hundert Zuschauern ab, und Spiele der unteren Ligen gar nur vor Abteilungsleiter und privatem Anhang der Heimmannschaft. Woran liegt das?

Volleyball ist ungewöhnlich, weil seine Techniken und Taktiken zu den schwierigsten im Mannschaftssport zählen. Freizeitvolleyballer und jugendliche Anfänger können ein Lied davon singen, wie schwer es ist, einen Volleyball volley und regelgerecht über das Netz zu befördern! Nun hat zwar irgendein Trainer einmal sehr richtig behauptet, daß der Mensch den Ball erschaffen hat, und nicht umgekehrt – so daß gefälligst der Ball tun muß, was der Mensch von ihm will, und nicht umgekehrt! Solange Mannschaften ihren Volleyball jedoch noch nicht nachhaltig von dieser Logik überzeugen konnten, gleicht manches Spiel einem Flipperautomaten, wo die Kugel auch immer wieder in ungeahnte Richtungen katapultiert wird!

Volleyball macht Außenstehenden den Zugang zur Szene so entsetzlich schwer. Nehmen wir an, kurz vor Beginn eines Fußball-Bezirksligaspiels erklärt der Schiedsrichter den Platz für unbespielbar. Drei- bis fünfhundert Fans des heimischen TSV machen sich verstört auf den Heimweg. Das Wochenende ist sinnlos geworden. Einer Handvoll von ihnen fällt ein, daß auch die Volleyballer einen Heimspieltag haben. Drei winken enttäuscht ab, weil es sich um die Herren handelt, so daß es nicht einmal Mädchenbeine zu sehen gibt. Schließlich kommt tatsächlich einer in die Halle und setzt sich verschämt in die hinterste Ecke. Fassungslos sieht er zu, wie sich die Spieler nach einem Punktgewinn neckisch mit den Händen abklatschen. Aber er beginnt aufzutauen, als er merkt, wer die Heimmannschaft ist. Und er jubelt, wenn sie punktet. Plötzlich schmettert einer seiner neuen Lieblinge, daß es nur so kracht, aber den Punkt kriegen die anderen. „Mit der Schlaghand das Netz berührt!“, hört er jemanden

sagen. Da drischt einer der Gegner den Ball meterweit ins Aus, schreit dann wie am Spieß „Tusch“ oder so ähnlich, läuft zum Schiedsrichter – und kriegt einen Punkt. Unbegreiflich! Der einsame Zuschauer beginnt sich zu genieren, denn er hat nur das Fachabitur. Doch sein Leiden hat rasch ein Ende. Er wird vom zufällig erscheinenden Hausmeister der Schule aus der Halle geworfen, weil er es gewagt hatte, das Parkett mit Straßenschuhen zu betreten!

Aus all dem folgt: Es war höchste Zeit für dieses Buch! Weiße Murmeln, weiße Blätter. Der Wahnsinn mußte endlich einmal zu Papier gebracht werden. Volleyballer wollen wissen, warum sie spinnen! Trainer und Fachbuchautoren sollen wissen, daß sie spinnen! Die Zuschauer wollen wissen, wie auch sie zu Spinnern werden können! Nichtvolleyballer müssen bekehrt werden!

Damit wird und muß sich der Inhalt des vorliegenden Werkes deutlich von den bisher erschienenen Volleyballbüchern abheben. Denn diese sind ausschließlich Fachliteratur zu den Themen Training, Technik, Taktik. Hier aber geht es um Tränen, Touche und Tragik!

In den Fachbüchern kann man zwar nachlesen, was die Position „vorgezogene Sechs“ bedeutet, aber leider steht dort nicht, was der betreffende Spieler denkt, wenn vor ihm über der Netzkante das teuflische Grinsen eines irren Tieres auftaucht. Man wird erfahren, welche taktischen Möglichkeiten das Spielen mit dem Läufer-System bietet, aber nicht, daß aus Zuspielern nach gelungenen Kombinationen größenwahnsinnige Zwerge werden. Auch, daß es Jugend-, Leistungs- und Seniorenmannschaften gibt, kann man nachlesen. Nicht aber, welche Schicksale sich hinter Menschen verbergen, die sich jahrzehntelang dem Volleyball-Wahnsinn aussetzen.

Die schwierigste Aufgabe bei der Konzeption dieses Buches war es nicht, Volleyballer über sich selbst zum Schmunzeln zu bringen oder Volleyball-Einsteigern die Faszination dieser Sportart zu vermitteln, sondern die richtige Mischung hieraus zu finden. Es entstand eine Aneinanderreihung von Kurzgeschichten, Nonsens-Stories und grobem Unfug.

Die inzwischen etwa 400 000 Mitglieder des Deutschen Volleyball-Verbandes werden hoffentlich problemlos alles kapieren, was hier geschrieben steht. Die übrigen 60 Millionen Bundesbürger, die das Buch mit wachsendem Verständnis auch lesen werden, erhalten Einblick in eine Sportart, die vielen von ihnen als schlichtes Affentennis oder Strandpatschen bereits flüchtig bekannt ist. Die vermutlich etwa 100 Millionen volleyballspielenden Chinesen, die immerhin etwa einem Zehntel der chinesischen Gesamtbevölkerung entsprechen, werden das Buch grinsend mit sich herumtragen, sofern die Übersetzung mit dem Arbeitstitel „Läufel, Schüsse, ille Tiele!“ erst einmal in

China erschienen ist. Wenn sich dann auch noch die übrigen 90 Prozent der Chinesen dafür zu interessieren beginnen, bekommt man eine erste Vorstellung vom potentiellen Markt für dieses Buch!

Dieses epochale Werk wird eine große Lücke schließen. Frei nach Woody Allen: Was ich schon immer über Volleyball wissen wollte, aber noch nirgends geschrieben fand! Interessant wäre übrigens, ob Woody Allen Volleyball kennt. Er hätte daran ein ebenso faszinierendes Thema wie am Innenleben von Stadtneurotikern. Nicht auszudenken, wenn er sich erst einmal volleyballspielende Stadtneurotiker vornehmen würde!

Der Volleyball-Wahnsinn ist schwer zu beschreiben. Das Krankheitsbild setzt sich aus vielen Mosaiksteinchen zusammen. Ein paar davon will dieses Buch erkennbar werden lassen. So ist der erste Abschnitt noch als Einleitung zu verstehen. Der zweite schildert menschliche Schicksale rund um die weiße Murmel. Im dritten wird der klassische Volleyball-Wahnsinn durchleuchtet, um fairerweise auch die traditionelle Sichtweise dieser Sportart vorzustellen. Der vierte Abschnitt aber beinhaltet die Verknüpfung aus Schicksalen und Wahnsinn! Hier geht es um den unwiderstehlichen Sog des Volleyball-Wahnsinns, von der einzelnen Trainingseinheit bis hin zum intergalaktischen Zusammenhang!

Fünf Gorillas und ein Schimpanse

Wer die Sinnfrage stellt, begibt sich auf schwieriges Terrain. Warum gibt es zum Beispiel das Universum? Warum hat sich gerade auf der Erde intelligentes Leben entwickelt? Warum entwickeln sogenannte intelligente Wesen immer dann besondere Kreativität, wenn es darum geht, sich gegenseitig die Köpfe einzuschlagen? Welcher Urinstinkt im Menschen treibt dazu an, eine Kugel hin und her zu schubsen, um sie letztlich irgendjemandem auf die Rübe zu hauen? All dies gipfelt in der entscheidenden Frage: Warum wollen Volleyballer Volleybälle ballern?

Hier helfen uns zunächst die Archäologen weiter mit ihren bemerkenswerten Ausbaggerungen in der Nähe von Pritchtown. Man fand Knochen von fünf großen Wesen mit kleinem Kopf und einem kleinen Wesen mit großem Kopf. Fundstelle war eine Höhle von etwa zwanzig mal zehn Metern Größe mit gut erhaltenen Wandmalereien. Die Bilderserie gibt der Nachwelt Einblick in eine Episode während der Übergangsstunden zwischen Eiszeit und Warmzeit, in denen unseren Vorfahren offensichtlich langweilig war.

Einer der Urmenschen hielt einen soeben aufgetauten verdorbenen Fisch in der Hand und warf ihn dem kleinen Kollegen mit dem großen Kopf zu. Der aber mochte sich nicht schmutzig machen. Deshalb versuchte er erst gar nicht, das glitschige Stinktier zu fangen, sondern wollte es direkt in einen vorsintflutlichen Abfalleimer weiterschubsen. Der aber hing viel zu hoch für den Kleinen, nämlich auf drei-Meter-fünf an der Höhlenwand! Er traf also nicht hinein, sondern genau wieder in Richtung des Gorillas, der mit dem ganzen Mist angefangen hatte. Der war jetzt auf der Hut. Mit einer für sein kleines Hirn erstaunlichen Reaktion schaffte er es, die haarige rechte Pranke hochzureißen und das neue Spielobjekt gleich in der Luft weiterzuschleudern. Es landete mitten im Gesicht eines unbeteiligten Kumpels, den sie daraufhin Fischkopf nannten. Bis auf Fischkopf fanden es alle unwahrscheinlich komisch, und die Höhle dröhnte von dem urigen Vorzeitgelächter.

Die These, daß Fischkopf daraufhin stocksauer war und viel übte, um den anderen auch eins überzubraten, klingt noch verständlich. Seriöse Archäologen halten es jedoch für zu weitgehend, hierin auch die Wurzeln für den mehrmaligen Gewinn der

deutschen Meisterschaft durch den Hamburger SV zu sehen.
Wir wissen nicht, welcher Künstler jene Episode anschließend an die Felswand gepinselt hat. Vielleicht gab es bereits damals arme Schweine, die zum Pressewart bestimmt wurden. In diesen grauen Vorzeitstunden wurde jedenfalls der Typus des homo volleyballiensis geboren. Irgendwelche Neandertal-Gene waren nachhaltig verrutscht. Wir wissen auch nicht, wie die Entwicklung in all den folgenden Jahrtausenden weiterging. Das gesicherte Wissen beginnt erst wieder mit dem Jahr 1895, als die schlummernden Erbanlagen zufällig geweckt wurden.
In diesem Jahr hatte der amerikanische Sportlehrer William C. Morgan eine Idee, mit der er zum Erfinder des modernen Volleyballsports wurde. Sein Motiv war klar. Er wollte jenen boys und girls, denen Basketball zu anstrengend war, eine etwas weniger schweißtreibende Alternative bieten. Und auch die Zwerge unter ihnen sollten mitspielen können. Also spannte er einfach quer durch die Halle ein die Teams trennendes Netz. Die Gefahr, allzu weit laufen zu müssen, war dadurch automatisch halbiert. Und die Riesen konnten den Kleinen nicht mehr so leicht die Erbse über der Rübe wegpflücken.
Damals schien dies ein neues Ei des Kolumbus zu sein (das Original des Spaniers war übrigens kein Volleyball!), denn nun konnten die Menschen mit sportlicher Tarnung das Köpfe-Einschlagen üben, und dies angeblich sogar, ohne sich dabei besonders anstrengen zu müssen. Man hatte lediglich ein bißchen aufzupassen, daß das Ei stets volley weitergeschubst wurde und immer nur bei den anderen auf den Boden oder die Birne plumpste.
Mister Morgan war trotzdem sehr rasch von gestern! Denn das Volleyballspiel hatte bald mit der von ihm kreierten Beschäftigungstherapie für grobmotorische Bewegungsmonster nur noch entfernt etwas zu tun. Die menschliche Kreativität im Köpfe-Einschlagen siegte über die angeborene Faulheit. Die Spieler nahmen es glatt in Kauf, daß sie zunächst laufen und hechten mußten, um eine Bodenberührung des Balles in der eigenen Hälfte zu verhindern. Denn nur dann bekam ja auch ein Mitspieler vorne am Netz die Chance, den Gegnern die Kugel um die Ohren zu hauen.
Daß dies ein ungemein reizvolles Ziel ist, für das es sich sogar zu springen lohnt, erkannten Fischkopfs Nachfahren sehr schnell. Und bis heute ist diese Erkenntnis für Volleyballanfänger eine der interessantesten Erfahrungen geblieben.
Die mieseste Erfindung an dem ansonsten recht lustigen Spiel ist jedoch zweifellos das Netz. Bis in unsere heutige Zeit hat niemand dem Netz seine beiden gravierendsten Nachteile austreiben können: es hängt fast immer zu hoch und ist viel zu durchsichtig! Warum hat Morgan nicht einfach ein kleines

Mäuerchen aufgebaut? Zugegeben – mit einem kleinen Mäuerchen quer durch die Halle hätten seine Basketballer wieder Probleme bekommen. Aber den Volleyballern einfach nur ein paar Löcher mit Schnüren dran vor die Nase zu setzen, war schon ein dicker Hund. Einerseits mag es ja das Lustgefühl erhöhen, wenn man beobachten kann, wie vernichtend der eigene Angriffsball drüben einschlägt. Andererseits bedeutet diese Transparenz, daß man kein System und keine Taktik vor dem Gegner wirklich verbergen kann. Volleyball ist Glasnost!!

Diese Eindrücke von den Wurzeln des Volleyballsports haben uns aber immer noch nicht exakt erklären können, was so toll daran sein soll, Volleybälle volley durch die Halle zu ballern. Warum sind heute weltweit viele Millionen Menschen dem Volleyball-Wahnsinn verfallen, und wie könnte man weitere Volleyball-Verrückte hinzugewinnen? Man muß den Leuten die faszinierende Eskalation des Spielgedankens näherbringen! Volleyballer stehen unter einer Art Zwang, stets noch athletischer, noch raffinierter und noch perfekter zu werden!

Beobachten wir nun diesen Prozeß anhand des ewig jungen Lokalderbys zweier rivalisierender Nachbarvereine. Beide haben von Volleyball zunächst keine Ahnung, melden aber ihre jeweilige Mannschaft zum Spielbetrieb an. Zu Team A – nennen wir es „Die Kreativen“ – verirrt sich ein dynamischer Trainer, der den optimalen methodischen Lehrweg in die Praxis umsetzen will. Vom Anfänger zum Superstar, vom No-nameteam zur Giganten-Sechs! Team B ist weitaus weniger einfallsreich, verfügt aber immerhin über Beobachtungsgabe und Lernbereitschaft. So geht auch Team B als „Die Hinterherhinker“ in die Geschichte des Volleyballs ein. Die Spiele zwischen Kreativen und Hinterherhinkern sind wie ein Spiegelbild des Volleyball-Wahnsinns. Schweiß, Spielwitz, Tränen – und hinterher stets eine Menge neuer Erkenntnisse!

Solange zwei Mannschaften nur das obere Zuspiel und einen leichten Aufschlag von unten beherrschen, dauern Volleyballspiele ewig! Der Ball fliegt viel zu brav durch die Luft, ohne Aggressivität! Dem Trainer der Kreativen ist das zu dumm. Er bringt seinen Leuten den harten Aufschlag von oben bei. Die Hinterherhinker büßen es mit gebrochenen Fingern bei fünfzehn Annahmeversuchen, aber sie vertrösten sich auf den zweiten Satz, der i h n e n zu Beginn das Aufschlagrecht bescheren wird . . .

Doch der Kreativ-Coach hat vorgesorgt und seinen Leuten auch schon die Gegenwaffe, den Bagger, beigebracht. Die Annahme harter Aufschläge gelingt nun mühelos, aber rasch schaffen es auch die Hinterherhinker, die Granaten mit der Innenseite der Unterarme zu entschärfen. Durch dieses renitente Verhalten des Gegners werden die Kreativen förmlich dazu gezwungen, ihr Volleyballspiel zu revolutionieren. Sie verstehen

den Sinn des Angriffsschlags! Je näher der Ball an die Netzkante kommt, desto steiler dreschen sie ihn nach unten – ein Heidenspaß für die Kreativen!
Die Hinterherhinker reagieren gerade noch rechtzeitig, kurz bevor ihre Birnen restlos weichgeklopft sind. Nach dem Motto „Lieber den Winkel verkürzen als das eigene Leben!" streckt einer im Sprung die Arme am Netz hoch und wird aus Notwehr zum Erfinder des Einerblocks. „Auch Kreative müssen lernen!", diktiert der Trainer der Kreativen den Journalisten nach dem Spiel in die Mikrophone, nachdem seine Mannen serienweise blindlings in den Einerblock gezimmert hatten.
Mit der Einführung der Angriffssicherung ergreift Team A schon bald jedoch wieder die Initiative. Man schaut dem eigenen Hämmerer nicht einfach nur fasziniert zu, sondern kauert mit baggerbereiten Armen rings um dessen Absprungstelle. Selbst wenn der Trottel voll in den Block haut, erwischen seine Mitspieler die nach unten prallende Kugel und nageln sie den Hinterherhinkern halt beim zweiten Versuch um die Ohren! „Volleyball macht Spaß!", jubeln die Kreativen wieder erleichtert.
Eine Reihe von Lokalderbys geht ins Land. Die Kreativen sind meistens eine Nasenlänge voraus, doch ziehen die Hinterherhinker rasch nach. Gezieltes Vorbeischlagen am Einerblock, Verbesserung der Feldabwehr, Einführung des Doppelblocks, Überwindung des Doppelblocks durch Vorbei- oder Anschlagen. Der Coach der Kreativen ist nicht unzufrieden, jedoch noch lange nicht am Ziel seiner Vorstellungen angelangt.
Er führt die Spielerspezialisierung ein! Von da an fungieren bei den Kreativen die mit den goldenen Fingern nur noch als Zuspieler und die mit den klodeckelgroßen Pranken nur noch als Angreifer. Auch im Hinterfeld bezieht jeder seine Lieblingsposition. Die Zuspieler lernen, immer raffinierter, schneller und verdeckter zuzuspielen. Die Angreifer warten nicht mehr auf wolkenkratzerhohe Pässe, sondern kommen auch zu Schnellangriffen wie „Aufsteiger" und „Schuß". Eine Zeitlang macht Volleyball den Kreativen wieder viel Spaß!
Dennoch ist der dynamische A-Teamchef heilfroh, daß die Hinterherhinker auch diesmal nicht allzu lange brauchen, wieder alles nachzumachen. Denn nun endlich sind seine Schützlinge reif für die höheren Weihen des Volleyball-Wahnsinns.
Das Läufer-System!! „Ja, wo laufen Sie denn?", fragen die Zuschauer, aber erst recht die Hinterherhinker beim Premieren-Derby verblüfft. Ein Rückraumspieler läuft während der Ballwechsel vor ans Netz und fungiert dort als Zuspieler. Derjenige Netzspieler, der bisher zugespielt hatte, steht plötzlich als zusätzlicher Angreifer zur Verfügung! Auf einmal müssen Blockspieler nicht auf zwei, sondern sogar auf drei gegne-

rische Tiere aufpassen! Wer von den dreien wird wann wo wohin schlagen? Die Zuspieler der Kreativen machen „laufend“ neue Erfahrungen: Mittelpunkt des Volleyballspiels und Sinn des Zuspieler-Lebens ist – die Verladung des gegnerischen Mittelblockers! Wenn es gelingt, dieses Haupthindernis zu einem Sprung an einem falschen Ort zu verleiten, dann muß der eigene angespielte Angreifer schlimmstenfalls noch mit einem schlappen Einerblock rechnen! Kreative Zuspieler versuchen, dem gegnerischen Mittelblocker im Lauf des Spiels eine wunderschöne rote Krawatte umzuhängen – seine Zunge!!

Nachdem sich die Hinterherhinker von einer Serie vernichtender Niederlagen erholt und schließlich das attraktive Läufer-System kopiert haben, bekommt der kreative Coach Personalprobleme. Als Spielertyp für seine beiden Mittelblock-Positionen bräuchte er ein Enkelkind der Großeltern Marathonläufer/Hochspringerin einerseits und Pokerkönig/Wahrsagerin andererseits. Doch solche Typen sind selten. Der Trainer behilft sich mit Verdoppelung des Trainingspensums auf achtzehn Stunden täglich.

Die beiden Gemeinden vergessen den Sinn der Sylvesternacht. Viel größere Knalleffekte bietet inzwischen das alljährliche Lokalderby mit seinem Feuerwerk an Spiellaune. Der Ehrgeiz von Kreativen und Hinterherhinkern läßt den Volleyball-Wahnsinn eskalieren. Kombinationen und Scheinangriffe! Verdeckter Läufer! Zickzackanlauf und Sprungaufschlag! Finten und Lobs gegen Dreierblock! Rückraumangriffe in den Drei-Meter-Raum!

Wieder einmal brillieren die Kreativen. Sie inszenieren affengeile Spielzüge. Ganze Pulks von echten und falschen Angreifern wirbeln um den Zuspieler herum. Der sucht sich den passenden aus, und dieser wuchtet, was sein Körper hergibt. In ihrer Verwirrung halten hinterherhinkende Mittelblokker eigene Mitspieler für gegnerische Angreifer und springen ihnen im eigenen Feld mit ausgestreckten Armen verkrampft entgegen. Die Kreativen haben nicht einmal mehr Einerblocks gegen sich. Es ist wie in jenen Anfangsjahren, als sie erstmals den Angriffsschlag anwendeten. Völlig ohne Block prügeln! Umherirrende Hinterherhinker abschießen! Der Sinn des Volleyballspiels! In ihrer ganzen Vereinsgeschichte hat den Kreativen Volleyball noch nie so viel Spaß gemacht!!

Die Hinterherhinker haben zwar immer noch keinen Trainer, inzwischen aber wenigstens einen Sponsor. Bezüglich des Sinns seiner Investitionen galt er bisher als Masochist. Mit Hilfe der von ihm gekauften Videoanlage analysieren die chronischen Verlierer das Debakel des jüngsten Lokalderbys. Schlagartig wird ihnen klar, woran ihr Spiel krankt. Wie üblich vier monströse Angreifer neben zwei feingliedrigen Zuspielern, das heißt: in jeder Netzreihe minde-

stens ein Loch im Block! Was nützt es, wenn sich lupenreine Zwerge in der Luft strecken und winden, wenn es doch bei jedem Blockversuch über ihren Fingerspitzen zischt und kracht! Die Hinterherhinker verdoppeln also ihre Chancen durch Halbierung der Zwerge. Lange genug haben sie lernen müssen, bis sie das Erfolgsgeheimnis dieses Spiels verstanden.
Einer mit Hirn und dazu fünf Monster! Fünf Gorillas und ein Schimpanse! Das „5:1-System" ist geboren! Der e i n e Zuspieler wird zum Spielmacher, über den alles läuft. F ü n f Gorillas hechten und laufen in der Abwehr und blocken und trommeln vorne am Netz. Genial! Die ehemaligen Hinterherhinker freuen sich tierisch auf den nächsten Samstag. Denn da steht wieder ein Lokalderby auf dem Programm...
Aus all dem lernen wir: a) man soll im Volleyballsport niemals die Hoffnung aufgeben!; b) man darf niemals aufhören, nach immer noch affengeileren Spielzügen und Steigerungen des Wahnsinns zu suchen!; c) manchmal läuft es auch ohne Trainer!; d) Sponsoren sollen langfristig denken!; e) Zwerge müssen wenigstens genial sein!
In diesem Zusammenhang fallen uns wieder die Ausbaggerungen in der Nähe von Pritchtown ein. Knochenfunde von fünf großen Affen mit kleinem Kopf und einem kleinen Affen mit großem Kopf. Fünf Gorillas und ein Schimpanse! Ob denen das damals schon längst alles klar war? Nicht auszudenken, wenn Jahrtausende der Menschheitsgeschichte schlicht Zeitverschwendung gewesen wären.

Nach der vorsichtigen Einführung durch die ersten beiden Kapitel können wir nun bereits etwas tiefer einsteigen. Der Volleyballsport birgt ja viele Geheimnisse, große und kleine. Das älteste, die Frage nach Ursprung und Sinn, haben wir auf den vorangegangenen Seiten bereits zu klären versucht. Ein anderes, warum ein Volleyball ausgerechnet 210 Gramm schwer sein und zwischen 65 und 67 Zentimeter Umfang haben soll, wollen wir erst gar nicht näher untersuchen. Da halten wir uns schlicht an das geheimnisvolle Buch mit sieben Siegeln, das Regelheft! Und eine Vielzahl weiterer merkwürdiger Randerscheinungen und Kuriositäten wird in den folgenden Kapiteln noch aufzugreifen sein.

Rotation. Richtige Rotation! Wer glaubt, wir würden uns hier nun über die technische Herstellung dieses Buches auslassen, ist auf dem falschen Dampfer. Wenngleich „Rotationsmaschinen" als Bezeichnung für perfekte Volleyballer ein nettes Wortspiel wäre!

Rotation! Es gibt bekanntlich eine sehr ehrenwerte und weltweit verbreitete Organisation, die in jedem Land sogenannte „Rotary Clubs" gründet. Unseres Wissens handelt es sich nicht um Volleyballvereine! Wir wissen auch nicht, ob deren ausschließlich männliche Mitglieder, die Rotarier, zufällig Volleyballspieler sind. Man darf es nicht ausschließen, denn mit Krawatte, Bauch und grauen Schläfen sehen viele Rotarier so manchem Seniorenvolleyballer zum Verwechseln ähnlich.

Hier geht es jedoch um eine andere ehrenwerte und weltweit rotierende Organisation, die sich vor allem dadurch von den Rotariern unterscheidet, daß auch Frauen und Kinder mitmachen dürfen. Bei dieser so liberalen Vereinigung handelt es sich um die wirklichen Volleyballer. Auch sie rotieren regelmäßig und noch viel faszinierender! Wer einmal einen Mittelblocker mit roter Krawatte in voller Aktion gesehen hat, wird bezeugen, daß dieser rotiert und daß seine Blockversuche wahrhaft ehrenwert sind. Es besteht also Verwechslungsgefahr! Die folgende Erforschung des Geheimnisses, was es mit der mysteriösen Rotation auf sich hat, bezieht sich deshalb ausdrücklich nicht auf die Rotarier, sondern auf die echten Rotierer.

Nach dem sechsten Sprung innerhalb eines Ballwechsels, dem ein Ballwechsel mit acht Sprüngen voranging, liegt des Volleyballers Puls irgendwo zwischen 180 und Ekstase. Der Spieler weiß nicht mehr, wo oben und unten, links oder rechts ist. Auch in solchen

Alle rotieren

Momenten sollte ein cooler Kerl kühlen Kopf bewahren – doch das ist leichter gesagt als getan!
Volleyballer rotieren. Der Angreifer rotiert, weil er seine letzten beiden Schläge voll in den Doppelblock gesägt hat und schon ahnt, daß er auch den nächsten Angriff nicht durchbringen wird. Der Zuspieler rotiert, wenn er serienweise geniale Spielzüge produziert, während seine Knüppler der Reihe nach freistehend ins Aus dreschen. Der Coach rotiert, wenn er in solchen Situationen hilflos am Spielfeldrand steht und dann mit verzweifeltem Blick seine auch nicht gerade weltmeisterlichen Auswechselspieler mustert. Der Aufschläger rotiert, weil der Ball rotiert – anstatt zu flattern! Nur Flatteraufschläge rotieren nicht, doch dies ist ein Thema für sich.
In einer Sportart, in der die Spieler in Bruchteilen von Sekunden ganze Ketten von schwierigen und anstrengenden Handlungen ausführen müssen, wird immer wieder der eine oder andere rotieren. Die Kunst besteht natürlich darin, auch in Augenblicken der totalen Rotation jenen entrückten stieren Gesichtsausdruck zu vermeiden, der selbst den blindesten Coach zur Auswechslung veranlaßt. Das ist das wahre Geheimnis der „richtigen“ Rotation!
Um nun aber endlich und ernsthaft zum Thema zu kommen: Rotieren ist nicht gleich Rotieren! Rotarier rotieren rund um den Globus, Menschen rotieren in Streßsituationen, Volleyballer rotieren im Uhrzeigersinn.
„Rotation“ ist im Volleyballsport ein feststehender Begriff. Ausgangspunkt war irgendwann einmal die Überlegung, daß Volleyballspieler vielseitig sein sollen. Nicht nur reine Netzspieler und nicht nur reine Abwehrspieler. Also wurde ins Regelheft aufgenommen, daß die ganze Mannschaft im Uhrzeigersinn eine Position weiterrükken muß, wenn vom Gegner das Aufschlagrecht erobert wurde. Ob dies eine Idee des legendären Mister Morgan war, oder ob erst im Lauf der Jahre irgendein wackerer Funktionär auf den Dreh mit dem Dreh kam, sei dahingestellt. Jedenfalls wurde diese Regel durch Generationen von Volleyballtrainern interpretiert und damit zu einem Paradebeispiel des Volleyball-Wahnsinns.
Zum Verständnis der Grundüberlegung stelle man sich einen runden Tisch mit sechs belegten Stühlen vor. Auf Kommando stehen alle Sechs auf, wechseln in gleicher Richtung einen Stuhl weiter und setzen sich dort hin. Beim Volleyball ist es ganz ähnlich. Zu Beginn eines Spieles oder neuen Satzes stellen sich die sechs Spieler eines Teams ganz normal in ihrer Spielfeldhälfte auf. Drei vorn und drei hinten. In fester Reihenfolge, wie an dem runden Tisch. Das Wechseln erfolgt, wenn vom Gegner das Aufschlagrecht erobert wurde. Dann geht der Spieler, der zuletzt rechts vorne am Netz stand, nach rechts hinten zum Aufschlag-

II
I
III
IV
V

raum, und die fünf Kumpel zieht er wie einen Rattenschwanz hinter sich her. Punkten kann nur die Mannschaft, die gerade aufschlägt. Solange gepunktet wird, bleibt alles beim alten. Bei Verlust des Aufschlagrechts auch noch. Wenn dem Gegner jedoch der Aufschlag erneut abgenommen wird, gehen alle wieder eine Position weiter.
Die sechs Positionen werden im Volleyball mit den römischen Ziffern „I“ bis „VI“ bezeichnet. Rechts hinten ist „I“, rechts vorne „II“ und so weiter, Mitte hinten heißt schließlich „VI“. Netzpositionen sind also II, III und IV, die Abwehrspieler stehen auf den Positionen V, VI und I. Ebenso aus dem Lateinischen kommt das Verbum „rotare“, zu deutsch „drehen“. Rotation heiß also Drehung. In der Praxis des Volleyballspiels bedeutet Rotation, daß auch das irrste Tier spätestens nach drei Drehungen die Stätte seiner größten Triumphe, das Netz, wieder verlassen und sich in die Niederungen der Abwehrarbeit begeben muß! Wenn dann statt des Gorillas vielleicht sogar ein Zwerg ans Netz nachrückt, so wird auch der Gegner wieder einige Ballwechsel lang Spaß am Volleyball finden. Daß aber bei so viel Latein automatisch bewiesen ist, daß schon die alten Römer Volleyball spielten, soll hier nicht behauptet werden.
Damit die Spieler in der Rotationsreihenfolge nicht bescheißen – und nur dieses deutliche Wort beschreibt die miese Manipulationsabsicht treffend –, gibt es bei offiziellen Spielen Anschreiber und Spielberichtsbogen. Anhand der Trikotnummern der Spieler wird zu Beginn eines jeden Satzes die Grundaufstellung der beiden Teams schriftlich festgehalten. Jedesmal, wenn das Aufschlagrecht wechselt, überprüft der Anschreiber durch einen Blick auf Aufschläger und Spielberichtsbogen, ob richtig rotiert wurde.
Vielleicht sollte man lieber sagen: er sollte es immer überprüfen!
Anschreiber zu sein ist alles in allem einer der weniger aufregenden Jobs in der Volleyballszene. Fünf Sätze lang den Spielstand genau zu protokollieren und die Rotation zu überwachen, mag penible Beamtentypen aufpeitschen. Auch Trainer und Spieler der beteiligten Mannschaften pflegen gewissen Wert auf Spielstand und Aufstellung zu legen. Ja, sogar Zuschauer schreien manchmal, wenn die Anzeigetafel falsch bedient wurde.
Aber kann man es einem Menschen wirklich verübeln, außer an Zahlen, Kreuzchen und Strichlein ab und zu auch an andere Dinge zu denken? So kommt es zu einem Heidenspaß für alle Beteiligten, wenn sich beim Stand von 14:14 im fünften Satz herausstellt, daß seit dreißig Minuten bei beiden Teams die Aufstellung nicht mehr stimmt. Der Anschreiber hat gepennt, was wie gesagt schon mal vorkommen kann. Er ist jetzt jedoch der einzige Sachverständige in der ganzen Halle, der rasch feststellen könnte,

ab wann er gepennt oder ab wann welches Team beschissen hat. Das trockene Regelheft schreibt vor, daß einer Mannschaft alle Punkte, die sie nach einem nachweisbaren Aufstellungsfehler erzielt hat, schlicht wieder abgezogen werden müssen. Beim geschilderten Spielstand ist so etwas ganz besonders lustig! Anschreiber mit Zivilcourage sollten den gordischen Knoten schließlich lösen, indem sie aufstehen, den Spielberichtsbogen zerreißen und dem Hallenvolk kundtun: „Macht doch Euren Dreck alleine!“

Auch unter Anschreibern gibt es jedoch nur wenige mit Zivilcourage, so daß nach mehr oder weniger heftigen Diskussionen meistens doch bei irgendeinem Spielstand wieder weitergespielt wird. Vielleicht ist es ja auch besser so, und Volleyball-Laien wissen jetzt, warum Volleyballspiele manchmal an Bundestagsdebatten erinnern.

Neben der Aufschlagausführung durch den falschen Spieler gibt es im Volleyball jedoch noch weitere Arten von Rotationsfehlern. Denn trotz richtigen Aufschlägers müssen im Moment des Aufschlags eben auch die fünf Mitspieler in der richtigen Reihenfolge stehen. Und die gegnerische Sechs in sich natürlich ebenfalls. Warum ist das so wichtig?

Nur die jeweiligen Netzspieler dürfen vorne am Netz wuchten. Und das Schlimmste ist: sie tun es auch, wenn man sie läßt!! Wie verhält man sich, wenn ein Gegenspieler vorne hochspringt und tut, als wolle er zuspielen? Soll man ihn vorsichtshalber blocken oder nicht? Wird er brav und harmlos die Erbse zu einem seiner Angreifer weiterschubsen oder plötzlich viehisch die dicke Keule auspacken? Darf er das oder darf er nicht? Was bin ich? Robert Lembke hätte an springenden Zuspielern seine wahre Freude. Für jede falsche Entscheidung der Mittelblocker fünf Mark ins Schweinchen und als typische Handbewegung – die dicke Keule!

Volleyballer rotieren! Mit jeder Rotation verändert sich die Konstellation, wer Netzspieler ist und wer nicht. Durch Auswechslungen tauchen neue Gesichter auf. Teams verändern zuweilen ihren Annahmeriegel, um Netzspieler zu tarnen. Dies alles bei hoher körperlicher Belastung!

Volleyballnetze sind durchsichtig. Siegchancen hat ein Team nur, wenn die Blockspieler ständig über die gegnerische Aufstellung informiert sind. Man prägt sich Gesichter oder Trikotnummern ein. Welche drei Gegner sind im Moment Netzspieler? Ist der, der gerade zuspielt, zwar vielleicht der weltbeste Zuspieler, aber trotzdem im Moment ein stinknormaler Typ, der nicht prügeln darf? Um das Problem auf den Punkt zu bringen: drei Blocker gegen drei Knüppler! Die Chancen stehen 3:3, mit einem leichten Kreativitätsvorteil für die Angreifer. Wenn nun ein Blocker fälschlicherweise mit dem „Läufer“ mitspringt, sind seine Füße erst

mal weg vom Boden. Er zappelt in der Luft, und das am falschen Ort. Schon lautet die Chancenverteilung 3:2 für die Angreifer, und hinzu kommt ein gewaltiger Motivationsvorteil! Sie beginnen bereits zu grinsen: spätestens in einer Sekunde wird den Angreifern Volleyball wieder einmal verdammt viel Spaß machen!
In dem Bestreben, durch raffinierte Aufstellungsformationen den eigenen Zuspieler zu „verstecken", entwickeln Volleyballtrainer perverse Phantasie. Fußspitzen entscheiden, ob Spieler im Moment des Aufschlags vor, neben oder hinter ihren Mitspielern stehen. Denn bereits mit einem einzigen Zentimeter Unterschied ist der Regel, die das Einhalten der richtigen Rotationsordnung fordert, Genüge getan.
Volleyballer rotieren. Wenn es gekracht hat, weiß man mehr. Um zu verhindern, daß es unvorhergesehen kracht, muß während jeden Satzes in jeder Sekunde die gegnerische Rotationsreihenfolge beobachtet werden. Schon ein kleiner Knick in der Optik kann fatale Folgen haben. Volleyball ist so etwas wie Hallenschach mit kostenlosem Schweißbad!
All dies spielt sich keineswegs nur in der Bundesliga ab. Das Einhalten der richtigen Rotation ist schließlich auch in der Kreisliga Pflicht. Allerorten treiben Trainer ihre Teams in den Läufer-Wahnsinn oder gar in das 5:1-Chaos! Nicht immer wird dabei bedacht, daß das Spielen mit fünf Gorillas und einem Schimpansen dort tatsächlich affig wirkt, wo Spieler mit der Einschaltung des Hirns noch Schwierigkeiten haben. Wo Mannschaften ohnehin nie wissen, wer drüben angreifen darf. Wo jeder Ball grundsätzlich hoch und weit zugespielt wird, so daß sogar Mehlsack-Mittelblocker den Weg nach außen noch schaffen. Und das Thema der richtigen Rotation erübrigt sich dort, wo Sätze mit fünfzehn Aufschlägen in Folge entschieden werden.
Alle rotieren. Die Zuschauer natürlich auch, denn ohne spezifische Kenntnisse des Volleyball-Wahnsinns wird so mancher Fehler unverständlich und so manche Feinheit dieser Sportart unentdeckt bleiben. Spieler rotieren, Trainer rotieren, alle rotieren. Halt! Einen – oder besser gesagt: sogar zwei – in der Halle sollte es eigentlich geben, die nicht rotieren. Aber davon auf den nächsten Seiten mehr!

Hoch über den Wolken muß die Freiheit wohl grenzenlos sein, hat mal einer gesungen. Und tatsächlich, möchte nicht gern jeder von uns einmal irgendwie hochsteigen und majestätisch von oben auf die anderen herabsehen? Wie einst Zeus die Menschen von oben mit Blitz und Donner strafen? Wie ein Marionettenspieler die Puppen nach seiner Pfeife tanzen lassen? Vielleicht sind es solche Träume, die manche Mitmenschen dazu verleiten, Volleyballschiedsrichter werden zu wollen.
Sie sehen sich gedanklich in strahlendem Weiß auf einem wunderschönen Schiedsrichterstuhl. Stolz klopft ihr Herz nach der namentlichen Vorstellung durch den Hallensprecher. Die Spieler jubeln ihnen zu, und auch die Linienrichter schwingen huldigend die Fähnchen. Als weißer Ritter für

Keiner steht drüber oder: Je Wahnsinn, desto Pfiff

Gerechtigkeit sorgen! Jeder Außenstehende wird anzunehmen bereit sein, daß der weiße Ritter da oben irgendwie unangreifbar ist, daß er ü b e r dem Volleyball-Wahnsinn steht!
Wer dann selbst zum ersten Mal in einer miesen, stinkigen Halle auf einen schmuddeligen alten Kasten klettern mußte, um – halb stehend, halb an den Netzpfosten geklammert – inbrünstig das Ende eines langweiligen Fünfsatzspiels herbeizusehnen, wird die Fortsetzung der Schiedsrichterlaufbahn kritischer sehen. Und wenn zwölf Spieler gleichzeitig an eben diesem Kasten hängen, um dem weißen Fettnäpfchentreter wutentbrannt die Pfeife aus dem Mund zu reißen, reicht die Kenntnis des Regelheftes nicht mehr aus, um sich aus dieser Situation zu retten!
Tatsache ist, daß der Schiedsrichter eines Volleyballspiels das Geschehen mehr beeinflussen kann als in jeder anderen Ballsportart. Denn irgendwie muß er ja auch verhindern können, daß die zwölf da unten nicht plötzlich Handball über ein zu hohes Tennisnetz spielen. Er wird also befremdet die Stirn runzeln, wenn Spieler den Ball fangen und damit ans Netz dribbeln. Seine geröteten Wangen werden sich mit Luft füllen, wenn Spieler im Netz hängen und dabei lächeln wie Urlauber in der Hängematte. Ein eisiger unbarmherziger Pfiff aber wird die Hallenluft zerreißen, wenn die Mannschaften auf einmal nicht mehr gegeneinan-

der, sondern miteinander spielen. Denn ganz ungeniert verkackeiern läßt sich ein Schiedsrichter nie!
Was haben Volleyballschiedsrichter wirklich zu tun? Zunächst einmal müssen wir endlich klarstellen, daß es immer auch einen zweiten Schiedsrichter gibt. Der steht am Boden in der Nähe des zweiten Netzpfostens, verhält sich jedoch in aller Regel ruhig, um dem ersten Schiedsrichter nicht die Schau zu stehlen. Gemeinsam verläßt sich dieses Gespann vor Spielbeginn darauf, daß der ausgewählte Spielball Ähnlichkeit mit einem Volleyball hat, daß sich die Handwerker beim Aufmalen der Linien nicht grob verschätzt haben und daß die Spielerpässe irgendwie zu den Gesichtern passen. Die Netzhöhe überprüfen nur Pedanten, denn das Netz ist ohnehin für beide Mannschaften gleich hoch!
Für Außenstehende immer wieder faszinierend ist das Gebärdenspiel von Volleyballschiedsrichtern. Solange sie noch nicht eingeschlafen sind und neben der Kraft zum Blasen noch über Restenergie verfügen, zeigen sie mit den Armen die Art des geahndeten Fehlers an und welche Mannschaft das Aufschlagrecht hat. Da es neben dem Fangen des Balles und dem Im-Netz-hängen noch weitere Möglichkeiten gibt, als Spieler unangenehm aufzufallen, entsteht ein imposantes Gesten-Repertoire, über das sonst nur Flugzeugeinweiser und Polizisten an belebten Kreuzungen verfügen.
Was machen Volleyballschiedsrichter nun aus dieser attraktiven Rolle? Und wie geben sie ihrer Darbietung eine individuelle Note? Man wird drei Einflußfaktoren herausstellen können: a) Regel- und Zeichenkenntnis, b) Persönlichkeit, c) individuell erreichter Grad des Volleyball-Wahnsinns.
Der gesunde Menschenverstand sagt uns, daß Schiedsrichter generell nur die wenigen Fehler pfeifen können, die sie auch als solche erkannt haben, und daß sie diese auch nur mit denjenigen wenigen Zeichen anzeigen können, die ihnen geläufig sind.
Hinsichtlich des ersten Einflußfaktors schwache Schiedsrichter werden also nur dann pfeifen, wenn vierundzwanzig Spieleraugen fragend nach oben blicken. Dann werden sie mehrere Sekunden lang irgendwie in der Luft herumfuchteln und dabei inbrünstig hoffen, daß die Mannschaften unter sich ausmachen, wer als nächste Aufschlag hat. Wenn dann tatsächlich irgendein Spieler mit Ball in Richtung seines Aufschlagraumes zu marschieren beginnt, werden solche Schiedsrichter plötzlich nur noch mit einem Arm herumfuchteln und mit dem anderen auf den aufschlagenden Spieler zeigen. Wenn wieder vierundzwanzig Spieleraugen fragend nach oben blicken, wird solchen Schiedsrichtern meistens einfallen, daß sie wiederum mit einem Pfiff den Beginn des Ballwechsels erlauben müssen. Dann wird der Ballwechsel zu laufen beginnen und – da Bälle nicht ewig in der Luft zu

bleiben pflegen – werden irgendwann wieder jene vierundzwanzig Spieleraugen fragend . . .
Blicke zum 2. Schiedsrichter nützen 1. Schiedsrichtern in den bangen Momenten der Entscheidungsfindung wenig. Denn in der Praxis des Volleyball-Wahnsinns besteht ein Gespann meistens aus zwei Pfeifen mit ähnlichem Kenntnisstand. Im übrigen hassen es 2. Schiedsrichter, in ihrer Ruhe gestört zu werden. Regel- und zeichenschwache Oberpfeifen sind einsam!
Der zweite Einflußfaktor für die Leistung eines 1. Schiedsrichters ist seine Persönlichkeit. Sie offenbart sich in der Haltung, wie er auf dem Kasten steht, welche Grimassen das Gesicht beim Pfeifen schneidet, und letztlich in der Energie, mit der er bläst und fuchtelt. Wie bei den richtigen Menschen gibt es aber auch bei Volleyball-Schiedsrichtern – Waschlappen und Helden! Die Waschlappen werden versuchen, während des gesamten Spiels hinter dem Netzpfosten nicht gesehen zu werden. Trotz bester Regel- und Zeichenkenntnis verfärbt sich ihre Hose, wenn Zuschauer schreien, und die Pfeife klappert zwischen den Zähnen, wenn Spieler protestieren. Nach umstrittenen Entscheidungen sollen solche Schiedsrichter auch schon dabei gesehen worden sein, wie sie in ihren Kasten stiegen und den Deckel über sich zumachten!
Helden dagegen stehen zu dem Mist, den sie pfeifen. Auch wenn sie keinerlei Ahnung von den Regeln haben und nur durch die Selbstentscheidung der zwölf Spieler wissen, wer als nächster aufschlägt. Wenn aber tatsächlich einmal etwas angezeigt wird, dann zackig und energisch! Spieler, die freiwillig eine Ballberührung zugeben, werden gnadenlos verwarnt, und solche, die wegen eines gegnerischen „Touches“ protestieren, eiskalt vom Platz gestellt. Zu großer Form laufen Helden auf, wenn sie meinen, auch einmal einen Aufstellungsfehler einstreuen zu müssen. Mit tödlicher Sicherheit pfeifen sie einer Mannschaft in eine Kombination hinein, die mit angetäuschtem Läufer monatelang einstudiert wurde. Dann wird der Spielführer der frustrierten Kombinierer laut und deutlich dem Helden erklären müssen, daß der Spielzug doch regelgerecht war, und auch die Dümmsten in der gegnerischen Mannschaft werden es kapieren. Der Held zwar nicht, aber er wird mit gönnerhafter Miene auf Doppelfehler und damit Wiederholung entscheiden. Ohne Helden wäre Volleyball langweilig!
Als letzten Einflußfaktor der Schiedsrichterdarbietung hatten wir den Grad seines Volleyball-Wahnsinns genannt. Als Faustregel gilt: je Wahnsinn, desto Pfiff! Es gibt Wahnsinnige, die tatsächlich und in freier Gewissensentscheidung die totale Schiedsrichterlaufbahn einschlagen. Sie sind selbst immer vorschriftsmäßig in tadellosem Schiedsrichter-Weiß gekleidet und belegen Mannschaften schon mit Bußgeld, wenn deren Unter-

hosen keine einheitliche Farbe haben. Aus ihrem stets paraten Einsatzköfferchen entnehmen sie ein Maßband, um die Netzhöhe zu kontrollieren, und einen Luftdruckmesser wegen der Spielball-Atüs. Auf einem kürzlich besuchten Fortbildungslehrgang haben sie erfahren, welche internationalen Tendenzen der Regelauslegung derzeit erkennbar sind, und sie nehmen sich vor, dies zur Überraschung des Hallenvolks sofort in die Praxis einfließen zu lassen. Solche Wahnsinnsschiedsrichter sind Sargnägel für jeden ehrbaren Volleyballer, der eine etwas legerere Haltung zu Statuten und Vorschriften hat. Gerade diesen Schiedsrichtern muß man aber entschuldigend zugute halten, daß von ihnen gepfiffene Volleyballspiele auch für Zuschauer als solche erkennbar sind!

Wie dem auch sei – auch Schiedsrichter sind Menschen. Und unbestritten ist es ja auch zwingend erforderlich, ein Volleyballspiel zumindest in geordnetes Chaos zu verwandeln. Für so manchen verhinderten Möchtegernvolleyballer mag es gar eine wertvolle Ersatzbefriedigung sein, wenigstens als Ordnungshüter mitspielen zu dürfen. Die, die aus innerstem Antrieb Schiedsrichter werden, sind jedoch sicherlich in der Minderheit. Schiedsrichter sind meist die armen Schweine, die in ihrem Verein auch sonst die ganze Arbeit machen. Schließlich muß jeder Verein analog zur Anzahl der gemeldeten Mannschaften auch geprüfte Schiedsrichter stellen. Der Pressewartspielführertrainer hat also auch noch den Job am Hals, auf den er am liebsten eigentlich pfeifen würde. Derart zutiefst motiviert pfeift er dann häufig auch . . .

Abschließend wollen wir festhalten, daß Volleyball etwas mit Regeln zu tun hat, daß allein die Existenz von Schiedsrichtern nicht unbedingt einen geordneten Spielverlauf garantiert und daß der Eindruck, wenigstens einer stehe ü b e r dem Volleyball-Wahnsinn, rein optischer Natur ist. Auch Schiedsrichter rotieren!

Menschen und Volleybälle

Volleyballerinas

Militante Feministinnen werden das Buch entweder gar nicht bis hierher gelesen haben oder sich mit dem Gedanken tragen, den Autor mit einer Briefbombe zu beglücken. Tatsächlich war von den Frauen bisher nur ein einziges Mal ausdrücklich die Rede, und da auch nur in voyeuristischer Weise wegen ihrer Beine. Es wäre aber auch nicht sonderlich galant gewesen, das Aussehen weiblicher Gorillas zu beschreiben oder darauf herumzuhacken, daß bei weiblichen Schiedsrichtern eher die Kategorie Waschlappen überwiegt. Nun jedoch, wo es um Menschen und Volleybälle geht, ist „ladies first" oberstes Gebot!

Der Objektivität halber wollen wir, wenn wir uns im folgenden mit Damenvolleyball beschäftigen, eine wichtige Aussage treffen: Es gibt kaum ein anderes Mannschaftsballspiel, wo Frauen so bedingungslos akzeptiert und gleichgestellt sind wie beim Volleyball! Herausragende Leistungen weiblicher Spitzenmannschaften oder Heimspiele der Damen irgendeiner kleinen Volleyballabteilung finden nicht weniger Beachtung als vergleichbare Ereignisse im Herrenbereich. Männervolleyball ist meist athletischer, so daß gelungene Netzaktionen spektakulärer wirken. Ballwechsel bei den Frauen dauern dafür im Schnitt etwas länger, was bei den Zuschauern wiederum die Spannung erhöht. Beides hat seine Reize. Und natürlich gibt es auch bei den Frauen irre Tiere, die eine Gegenspielerin glatt plattschießen können.

Doch damit auch schon wieder genug der Objektivität, die der spitzen Feder ohnehin nur unter großen Qualen entflossen ist. Gerade weil volleyballspielende Frauen voll anerkannte Mitglieder der menschlichen Volleyballgesellschaft sind, können sie in diesem Buch auch nicht mit Schonung rechnen. Und würde man unterstellen, daß alle Frauen von Haus aus ein bißchen verrückt sind, dann müßte Damenvolleyball eigentlich der absolute Wahnsinn sein! Aber wir wollen nicht vorgreifen und schon gar nichts unterstellen.

Zunächst einmal wird man sich der Frage zuwenden müssen, was junge Mädchen überhaupt veranlaßt, sich ausgerechnet dieser Sportart zuzuwenden. Die Entscheidung hat viel mit dem Schlüsselerlebnis des ersten Balls in ihrem Leben zu tun. Wenn sie den, wie unerwartet er auch kam, nicht erst mit der Nase stoppten, sondern in einer fangähnlichen Abwehrreaktion neutralisieren konnten, und wenn sie dann nicht heulend davonliefen, sondern die Murmel gnadenlos auf den großen Bruder zurückpfefferten,

dann wurden bereits wichtige Weichen für eine Ballsportart gestellt. Wenn den Eltern dann eine neue Waschmaschine dringlicher als eine Tennisausrüstung erschien und das Nachbarsmädchen vom Handballtraining stets mit Würgemalen am Hals heimkam, so wird ein nahegelegener Volleyballverein neuen weiblichen Nachwuchs bekommen.
Sofern die junge Karriere nicht durch Schulprobleme oder eine frühe Schwangerschaft jäh unterbrochen wurde, werden die Küken von einst eines Tages zu echten Volleyballerinas herangereift sein. Und als solche laufen sie Gefahr, zu Opfern ungehemmter männlicher Gehässigkeiten zu werden. Also los!
Frauen sind ungeschickt, quatschen lieber anstatt zu trainieren und haben Fettpölsterchen um die Hüften. Vorbereitung auf eine neue Saison heißt hauptsächlich, sich auf ein neues modisches Trikot zu einigen, wobei schweißaufsaugende Eigenschaften das unwichtigste Kriterium sind. Sportliches Ziel ist es, sich als erste den Trainer unter den Nagel zu reißen. Damen-Volleyballtrainer sind Masochisten, die perverse Lust am Scheitern von Trainingsplänen empfinden. Wenn Frauen spielen, wird das Netz auf Halbmast gesetzt, und die Sprungkraft von Frauen verhält sich umgekehrt proportional zur Oberweite. Können so viele Assoziationen klischeehaft verzerrt sein?
Hierher paßt eine nicht ganz frei erfundene Geschichte. Es war einmal ein junger Volleyballtrainer. Voller Ehrgeiz stürzte er sich auf seine neue Aufgabe, erstmals eine Damenmannschaft und noch dazu immerhin in der 4. Liga zu trainieren. Einfühlsam hatte er sich auf das erste Training vorbereitet, sich eine freundliche Begrüßung und einige einfache Übungen ausgedacht. Das Grauen nahte, als auch geblockt werden sollte. Wie hatte der unerfahrene Grünschnabel auch übersehen können, daß Frauen hysterisch werden, wenn es um ihre frisch gestyleten drei Zentimeter langen Fingernägel geht! Um jedoch eine viertligataugliche Taktik gänzlich ohne Block zu erfinden, dafür war der junge Mann nicht kreativ genug. Sie schenkten ihm zum Abschied einen Schnuller, und wenn er nicht gestorben ist, so lebt er heute noch. Vielleicht als Trainer, aber sicher nicht allein vom kargen Trainergehalt und schon gar nicht als Frauentrainer.
Dieses deutsche Märchen ist im Kern wahrer als so manche Sage, in der strahlende Helden mit dunklen Mächten kämpfen und dann sogar gewinnen. Andererseits sind Frauen manchmal nicht immer nur schwierig, und manche Trainer reißen sich geradezu darum, Damenteams zu trainieren. Das liegt wohl daran, daß auch eine weitere Art von Legende einen wahren Kern beinhaltet. Gemeint ist die weibliche Aufopferungsbereitschaft. Wo Männer ihrem Trainer bei überharten Belastungen den Vogel zeigen, geht bei Frauen das Leiden erst

richtig los. Sie wollen beweisen, daß sie sich nicht unterkriegen lassen.
Tatsache ist, daß im psychischen Grenzbereich enorme Leistungssteigerungen möglich sind, weshalb so mancher Damentrainer bewußt die Leidensgrenzen auslotet. Speziell von asiatischen Sportlerinnen heißt es sogar, daß sie aufgrund gesellschaftlicher Traditionen die geistige Überlegenheit der Männer anerkennen und deshalb Traineranweisungen bedingungslos akzeptieren. Asiatische Damentrainer, und es sind natürlich ausschließlich Männer, können ihr Spielermaterial deshalb spielend in die Ohnmacht treiben! Nach unserem Geschmack ist das zwar nicht sonderlich lustig, aber es gibt in diesem Sport eben nicht nur die kleinen netten Verrücktheiten, sondern auch den real existierenden Hochleistungswahnsinn. Beides sollte man kennen – und trennen!
Wir wollen aber auch nicht vergessen, daß es Volleyballerinas waren, die uns Kartoffelchips mampfenden Fernsehsportlern erstmals die Faszination der weißen Murmel ins Wohnzimmer brachten. Denn der vielzitierte Aufschwung des deutschen Volleyballsports begann mit den Olympischen Spielen 1972 in München. In jenen Tagen wurde im Fernsehen ein Bericht vom Training der japanischen Frauen gezeigt, der sozusagen auf das Endspiel des Damenturniers einstimmen sollte. Fassungslos sah man ungewohnte Bilder von einer ungewohnten Sportart. Minutenlang schmetterte der Trainer Serien von härtesten Bällen auf einzelne Spielerinnen. Wenn vor Erschöpfung kaum noch Reaktionen möglich waren, zielte er bewußt auf den Körper, um den Spielerinnen bis ins Unterbewußtsein einzuimpfen, die abwehrenden Arme vor sich auszustrecken. Man sah Ohrfeigen und Tränen und war schockiert. Die Japanerinnen verloren dann in einem der spannendsten Endspiele der Volleyballgeschichte 2:3 gegen die UDSSR, und man mußte sich insgeheim fragen, wie dann erst das Training der Russinnen aussehen mußte. Die Leistungen beider Mannschaften jedoch waren so großartig, daß bei uns ein mehrere Jahre anhaltender Volleyballboom ausgelöst wurde.
Auch um das Damenendspiel 1984 in Los Angeles rankt sich eine Anekdote. Die Amerikanerinnen waren auf Gold im eigenen Land programmiert. Wie ein Klosterteam hatte die Nationalmannschaft sechs Jahre lang zusammengelebt, trainiert und hunderte von Länderspielen absolviert. Am Tag vor dem Endspiel dann, das noch glatt erreicht wurde, waren die Spielerinnen angeblich vor Übermotivation überhaupt nicht mehr ansprechbar. Der Chefcoach verordnete acht Stunden härtestes Training, um die Spielerinnen derart in die Erschöpfung zu treiben, daß sie zu keinem Gedanken an das Endspiel mehr fähig wären. Im Grunde keine ungewöhnliche Maßnahme, denn acht Stunden tägliches Training hatten

die US-Girls sechs Jahre lang zur Genüge kennengelernt. Am nächsten Tag verloren sie kurz und bündig 0:3 gegen China, ab da für vier Jahre die neue Supermacht im Damenvolleyball! China liegt im übrigen in Asien, und auch die chinesischen Spielerinnen sind Frauen.
Wenden wir uns aber lieber wieder den kleinen netten Verrücktheiten zu. Im Spitzensportbereich der Weltklasse ist es Trainern und Wissenschaftlern vielleicht sogar bereits gelungen, den Volleyballerinas abzugewöhnen, einmal im Monat ihre leistungsmindernden Tage zu bekommen. Damentrainer in unseren Breitengraden, beispielsweise in der Landesliga und ohne konkrete Weltklasseambitionen seitens der Spielerinnen, werden dagegen regelmäßig mit diesem typisch weiblichen Phänomen konfrontiert. In der Regel in jedem Training und fast regelmäßig bei den gleichen bemitleidenswerten Geschöpfen. Ausnahmen bestätigen die Regel!
Ein junger unerfahrener Trainer, der gerade den Parcours für ein Sprungkrafttraining aufbauen will, wird zutiefst erröten und ein „Natürlich, ich verstehe!" murmeln, wenn sich eine seiner Nebenangreiferinnen plötzlich wegen starker Bauchschmerzen in die Kabine abmeldet. Und er wird nach der Mannschaftssitzung, in der er die jüngste 0:3-Niederlage analysieren wollte, begriffen haben, warum Tina, Rosi, Betti, Uschi und Beate an jenem Spieltag nicht so gut drauf waren. (Geli hatte übrigens Schnupfen). Allerdings sollte er, wenn sich eine Woche später Ergebnis und Analyse frappierend ähneln, nachdenklich werden und zur Sprungkraftsteigerung einen Psychogynäkologen engagieren.
Erfahrene Damentrainer, wobei man von solchen nach etwa zwanzig bis fünfzig Jahren Tätigkeit im Frauenbereich sprechen kann, werden die Spielführerin bitten, eine Strichliste zu führen, wer wann wo wie und warum Bauchschmerzen hatte. In der Trainingslehre nennt man dies die Periodisierung des Trainings! Der Frauentrainingsplan wird in Zyklen und Perioden unterteilt, um eine regelmäßige Leistungssteigerung zu erzielen. Im begleitenden Techniktraining wird schließlich das regelgerechte (!) Spielen des Balles geübt, um zu verhindern, daß bei den Zuspielerinnen an manchen Tagen das Pritschen nicht klappt.
Wer schließlich den anatomischen Grund akzeptiert, weshalb Frauen beim Blocken mehr Netzfehler machen als Männer, und wer eine absolute Stammspielerin heiratet, deren Aufstellungsberechtigung selbst die hübscheste Auswechselspielerin nicht anzweifeln kann, wird sich als Trainer im Damenbereich durchaus wohl fühlen. Besonders, wenn man Kuchen mag, die leistungsmäßige Nummer sieben des Teams ehrgeizig ist und gut backen kann.
Sicher wäre vieles anders – und hier werden wir endlich wieder objektiv –, wenn Frauen

überwiegend von Frauen trainiert würden. Die Trainerakzeptanz wäre bedeutend größer, da die Bezugsperson nicht nur über Volleyballdinge, sondern auch über die nötige Nadelstärke für bestimmte Strickmuster Auskunft geben könnte. Wie im Berufsleben gibt es jedoch auch im Volleyball relativ wenig Frauen in Führungsfunktionen. So unfair dies im Berufsleben ist, so ist es dort zumindest erklärbar. Männergesellschaft, Kinderkriegen und so weiter. Was den Volleyballsport betrifft, so kann man nur vermuten, daß es eine helle Stimme gar nicht schaffen würde, in der Halle akustisch gegen das Geschnattere von zwölf anderen hellen Stimmen anzukommen, und daß Frauen den Damentrainerposten liebend gern den Männern überlassen, weil sie wissen, was einen da erwartet!
Männliche Damentrainer, die plötzlich über Schmerzen in der Bauchgegend klagen, sollten keineswegs an sich selbst zweifeln oder gar annehmen, daß „Tagekriegen" anstekkend sei. Es handelt sich um völlig normale Magengeschwüre.

Minivolleyball ist die Zauberformel, um auch die lieben kleinen Racker kindgerecht an diese schwierige Sportart heranzuführen. Anders als bei Damen, wo Trainer ab und zu an die Grenzen ihres Lehrbuchwissens stoßen könnten, ist bei den Kindern die Welt noch in Ordnung. Hier findet ein Trainer seine Erfolgserlebnisse! Hier kann er Anfängern die richtige Technik beibringen und den jugendlichen Bewegungsdrang in sportliche Dynamik verwandeln. Wie ein „Betroffener" dies alles sieht, schildert der folgende Brief.

Liebes Christkind,

weißt Du eigentlich, was Knieschützer sind? Auf jeden Fall wünsch ich mir welche, aber Papa hat gesagt, ich hätte erst vor kurzem eine Lokomotive gekriegt und in der Schule nachsitzen müssen. Nämlich der Max hat mich aus der Bank geschubst, aber mich hat der Lehrer auf dem Boden sitzen gesehen. Natürlich weiß ich, daß Du selbst die Knieschützer nicht kaufen und unter den Weihnachtsbaum legen wirst. Ich bin ja auch nicht blöd, sondern achteinhalb. Und das wissen ja die Babies, daß das die Väter machen. Aber gestern vor dem Einschlafen habe ich eine prima Idee gehabt. Wenn Du, Christkind, nämlich mal mit der Mama redest und die steckt es dann beim Frühstück mal dem Papa, dann krieg ich vielleicht doch noch welche. Knieschützer, Du weißt schon. Aber jetzt muß ich Dir erzählen, warum ich überhaupt welche brauch.

Wir sind einmal beim Abendessen gesessen und meine Eltern haben mich ganz ernst angeschaut. „Junge", haben sie gesagt, „jetzt haben wir das Richtige für Dich!" Oh je, hab ich mir gedacht, was kommt jetzt wieder für ein Käse. Aber weil ich eh schon Hausarrest hatte, war ich lieber still. Papa hat eine Zeitung rausgeholt und gesagt, der Sportverein sucht Jungs für Volleyball. Weil ich da in einer Gruppe bin und auf die anderen Rücksicht nehmen muß. Und das soll ich lernen. Na ja, denen werd ich's schon zeigen, hab ich mir gedacht!

Du weißt ja, liebes Christkind, daß ich immer ganz brav bin und meinen Eltern folge, und ich bin also einmal mit dem Fahrrad hingefahren. Auf einmal habe ich vor der Halle den Michi aus der 3 c stehen sehen, den Blödmann, der uns beim Fußballklassenspiel

Ein Minivolleyballer schreibt ans Christkind

mit seinen drei Toren fertiggemacht hat. In der Halle waren dann noch ein paar so Typen und ein Erwachsener mit Trainingsanzug. Das war nämlich der Harald, und weil er der Trainer ist, dürfen wir Harald zu ihm sagen. Aber der war gleich sehr streng, und da war mir klar, daß der bestimmt ziemlich doof ist.

Nämlich habe ich mich mit einigen gut verstanden, und da haben wir sofort ausprobiert, ob man im Geräteraum vom Schrank aufs Trampolin springen kann. Das geht prima, aber dann hat sich einer den Kopf angehauen, die großen Matten sind umgeflogen, es war ein Mordskrach und wir haben uns sofort alle hinsetzen müssen. Der Harald hat uns geschimpft, aber auf einmal ist im anderen Teil der Halle laute Musik angegangen. Wir sind natürlich sofort unter die Trennwand gekrochen, weil da haben lauter bunte Frauen Ärobick gemacht. Das kennt Ihr da oben im Himmel wahrscheinlich nicht, aber das mußt Du Dir unbedingt einmal anschauen! „He, Freunde, hier spielt die Musik!", hat Harald geschrien. „Stimmt ja gar nicht, da drüben spielt sie!" Da hat der Harald vielleicht ein Gesicht gemacht, und der Franz, der das gerufen hat, ist seitdem unser Anführer.

Na ja, Christkind, jetzt hab ich immer zweimal in der Woche Training und das ganze nennt sich Minivolleyball. Der Harald kommt sich furchtbar wichtig vor, wenn er uns etwas erklärt. Weil er nämlich immer welche für zehn Minuten auf die Strafbank setzt, wenn sie raufen und nicht zuhören. Wir wollen natürlich jedes Mal sofort etwas spielen, aber dann sollen wir zuerst dieses stinklangweilige Warmlaufen machen. Nach zwei Runden hat der Martin einmal gerufen: „Herr Trainer, Herr Trainer, ich muß jetzt aufhören, ich fang schon an zu schwitzen!" Da hat der Harald vielleicht komisch zur Decke geschaut!

Der Harald ist immer ganz heiser nach jedem Training, aber das geschieht ihm recht, weil er glaubt, er muß noch lauter schreien als wir. Manchmal macht er drei Hälften aus uns. Mit der einen übt er das Pritschen oder so was, die andere spielt und die dritte ist Schiedsrichter bei diesem Spiel. Aber unsere Schiedsrichter bescheißen immer ganz gemein. Es geht damit los, daß sie sich zuerst untereinander streiten, ob der Ball über oder unter der Schnur war, und verprügeln sich. Aber ohne Schiedsrichter sollen wir nicht spielen, und dann machen wir halt gleich mit bei der Massendresche. Das merkt der Harald natürlich irgendwann, auch wenn er in der anderen Hallenhälfte mit der Übungsgruppe beschäftigt ist, und dann schreit er rüber, was das soll, und alle müssen auf die Strafbank.

Aber dann müssen wir ganz dringend aufs Klo, und das dürfen wir, weil wir sonst ja in die Hose machen. Wer aber zu lang im Gang draußen rumtobt, ist selber schuld, weil irgendwann kommt der Harald auch da na-

türlich wieder zum Nachschauen und schimpft. Die anderen in der Halle lassen dann die große Gummischnur sausen, wenn er draußen ist, aber er kommt gleich wieder, weil einer schreit, der die Schnur draufbekommen hat. Ich freue mich jedesmal auf das Training, und wir lernen sehr viel.

Der größte Kampf geht los, wenn wir uns für eine Übung in einer Reihe anstellen sollen. Da kriegt jeder eins auf die Mütze, der der Erste sein will, und ich bin meistens ziemlich vorn. Am tollsten ist es aber, wenn wir irgend etwas mit Abwerfen spielen. Da sucht man sich seinen Lieblingsblödmann aus und pfeffert drauf los. Harald tut dann immer ganz besorgt, wenn einem die Luft wegbleibt oder sich einer wo anhaut. „Schauspieler!", hab ich da einmal gerufen, weil das der Papa vor dem Fernseher auch immer sagt. Aber dann habe ich auf die Strafbank müssen. Harald sagt, wir sollen endlich lernen, daß wir alle zusammengehören und eine Mannschaft sind. Ich glaube halt, er ist einfach zu weich für echtes Volleyball.

Weil es immer sehr lustig ist, gefällt mir jetzt alles ganz gut. Papa war mächtig stolz auf mich, weil ich heuer beim Schulsportfest zum ersten Mal eine Urkunde bekommen habe. „Ja da schau her", hat er gesagt, „so schnell hat das Training also schon geholfen!" Ich gucke jetzt jeden Abend in den Spiegel, wieviel neue Muskeln schon da sind, aber daß die sich beim Weitsprungmessen um einen Meter vertan haben, habe ich natürlich nicht gesagt.

Dann wollte der Papa mal beim Training zuschauen, und da war ich ziemlich aufgeregt, denn er ist ein toller Sportler und mein Vorbild. Ich war aber nicht sehr lange aufgeregt, sondern wir haben fleißig geübt, bis auf die, die immer in die Trennwand kriechen. Papa hat sich dann von Harald verabschiedet. „Ich bewundere Sie, wie toll Sie diese Rasselbande im Griff haben!", hat er zu ihm gesagt.

Liebes Christkind, verstehst Du jetzt endlich, warum ich Knieschützer brauche? Wenn ich immer mit blauen Flecken heimkomme, sagen meine Eltern vielleicht doch noch, daß ich wieder aufhören muß, und das kommt überhaupt nicht in Frage. Ich will nämlich ein richtiger Volleyballer werden, und die haben ja auch Knieschützer!

Weil vor kurzem haben wir zum ersten Mal ein richtiges Volleyballspiel angeschaut. Harald hat gesagt, daß seine Mannschaft ein Heimspiel hat, und wir sollen kommen. Wir haben dann rausgekriegt, daß unsere Erste in der 4. Bundesliga spielt, und damit sie bald in der 3. spielen, sind wir natürlich hingegangen. Mann, da war was los! Das ist ja ganz anders, als wenn wir bei Ball über die Schnur die Erbse hin und her schubsen. Nämlich haben die ein Netz und keine Schnur, und darum brauchen sie auch nicht die ganze Zeit streiten, ober der Ball drüber oder drunter war. Die Schiedsrichter sind lustig, die wak-

keln wie ein Hampelmann mit den Armen rum. Die raufen zwar nicht miteinander, aber bescheißen tun sie genauso. Und dann müssen die Spieler immer springen und ganz wild auf die Murmel dreschen. Hinter dem Netz springen manchmal welche hoch und versuchen, den Ball zu fangen, aber sie schaffen es nie. Wir haben zusammen mit den anderen Zuschauern geschrien „Eins, Zwei, Drei!" und immer gejubelt, wenn einer ein Tor geschossen hat.

Im nächsten Training haben wir alle Schmettern und den Oben-Aufschlag lernen wollen. Aber weil der Harald nicht merkt, daß wir das Pritschen schon können, haben wir nicht gedurft. „Is ja doof", hat der Markus gesagt, und hat sich dabei aber schon wieder um zwei Plätze nach vorn gedrängelt. Ich hab ihm dafür seinen Ball aus der Hand geschubst, der Franz hat ihn mit Judo aufs Kreuz gelegt, und alles war wieder ganz normal. Und dann hat der Michi gesagt, daß er sich zu Weihnachten Knieschützer wünscht, und dann brauch ich aber unbedingt auch welche.

Liebes Christkind, ich wünsche mir ganz schrecklich Knieschützer. Und vielleicht kannst Du dafür sorgen, daß der Harald auch etwas zu Weihnachten kriegen soll. Weil der nämlich nicht so doof ist, wie ich gedacht habe, sondern höchstens so wie unser Lehrer. Und mit den Knieschützern kann ich dann ganz toll trainieren, und wenn ich groß bin, spiel ich mit dem Harald zusammen in der 3. Bundesliga. Also dann tschau.

Volleyballerinas und Minivolleyballer haben eines gemeinsam: es gehört schon ein gehöriger Schuß Wahnsinn dazu, hier das Amt des Trainers zu übernehmen! Frust und Faszination liegen im Rahmen der Trainertätigkeit dicht zusammen. Und dies gilt nicht nur für Damen und Knirpse, sondern für irre Tiere jeden Geschlechts und jeden Alters. Die zu bändigen, bedarf es guter Dompteure. Beschäftigen wir uns also etwas näher mit dem Trainerjob.

Der eigentliche Zirkus beginnt da, wo der sogenannte Leistungssport anfängt. Und zwar sowohl bei den Wuchtern als auch bei den Knödlerinnen. Ab einem bestimmten Niveau brauchen Volleyballerinnen und Volleyballer unbedingt jemanden, der energisch den Ton angibt. Zwei Stunden lang zu zehnt diskutieren, wie das heutige Training ausschauen soll, bringt schließlich nicht viel, wenn die Trainingszeit dann bereits vorüber ist! Doch selbst wenn ein Trainer existiert, ist den Leistungsprüglern noch nicht unbedingt geholfen! Was nützt es, wenn es sich bei ihm um einen typischen Schlüsselverwalter handelt? Der konstruktivste Beitrag zum Trainingsabend besteht bei Schlüsselverwaltern darin, die Halle auf- und zuzusperren, und das ist intellektuell gesehen eher mager. Und was nützen Supertrainer, wenn sie sich als Coach-Chaoten entpuppen, die im fünften Satz nach dem achten Spielerwechsel die dritte Auszeit nehmen und bei gegnerischem Matchball wegen Schiedsrichterbeleidigung die Rote Karte bekommen?!

Volleyballer stellen an ihren Trainer also gewisse Anforderungen. Er soll sie eine ganze Saison lang bei Laune halten, Abend für Abend eine abwechslungsreiche Show bieten, den Erfolg garantieren und schließlich den Kopf hinhalten, wenn es nicht geklappt hat! Er soll perfekter Theoretiker sein und sämtliche Tricks der Praxis beherrschen. Er soll Hitzköpfe zurechtstutzen, faule Säcke anstacheln und am Spieltag intuitiv den richtigen Auswechselspieler im richtigen Moment bringen.

Angesichts dieser Rahmenbedingungen fällt es nun natürlich nicht mehr schwer, sich in das Leben eines Volleyballtrainers hineinzuversetzen. Je nach Leistungsniveau seiner Mannschaft steht er an zwei bis fünf Abenden pro Woche in der Halle. An trainingsfreien Abenden wälzt er bis spät in die Nacht Fachliteratur, erfindet geniale Spielzüge und betreibt mit Spielern Telefonseelsorge. Am Wochenende glänzt er durch Wunder-Coaching. An spielfreien Wochen-

Spielertränen eines Spielertrainers

enden beobachtet er Gegner, sichtet Talente und besucht Fortbildungslehrgänge. Er ist tagsüber gereizt und schläft nachts unruhig. Wenn er sich setzt, setzt er sich vorsichtig, denn meistens ist sein Stuhl schon angesägt.
Je verrückter das Umfeld, desto reizvoller die Aufgabe. Planung und Steuerung des Trainingsprozesses! Einzel- und Gruppengespräche! Zuckerbrot und Peitsche auspakken! Als Geist über dem Tisch schweben, an dem die Zuspieler Hallenschach spielen! Irgendwie zählt das Amt des Volleyballtrainers zu den letzten großen Herausforderungen unserer Tage.
Wo darf man denn sonst noch derart ungehemmt Feierabend-Chef spielen? Es ist ja eine merkwürdige Haßliebe, die aktive Volleyballer mit ihrem Trainer verbindet. Die Gefühle sind durchaus zwiespältig, wenn ein Trainer nach einem sadistischen Straftraining plötzlich eine Runde Freibier ausgibt, oder wenn er seinem 29jährigen Hauptangreifer gönnerhaft erklärt, daß die Bettruhe vor Spieltagen von 19 auf 20 Uhr verschoben wird. Hobbyamateuren, wie es die meisten Volleyballer hierzulande nun einmal sind, stehen da leicht die Haare zu Berge! Und vermutlich würden Aktive aller anderen Sportarten ähnlich reagieren.
Beim Volleyball ist die Wahrscheinlichkeit jedoch sehr groß, daß sich masochistische Hobbysportler von einem Sklaventreiber Training für Training gründlich fertigmachen lassen. Das kommt von diesem berauschenden Gefühl, das einen befällt, wenn die Murmel nach einem affengeilen Spielzug so versenkt wird, daß der gegnerische Abwehrspieler einen neuen Scheitel bekommt! In solchen Momenten denken irre Tiere zwar nicht an ihren Trainer, aber im Grunde sind Trainer Dealer der Droge Volleyball. Und zu ihrem Dealer kehren die Süchtigen stets reumütig zurück.
Trainer und Spieler sind also durch Volleyballwelten voneinander getrennt und doch irgendwie aneinander gekettet. Wenn für ein paar fruchtbare Jahre die Richtigen zusammenfinden, hilft den Gegnern nur noch der liebe Gott!
Woran kann es dann liegen, daß es außer Schlüsselverwaltern und Coach-Chaoten nur wenige echte Trainer gibt? Vielleicht ist es so, daß schon rein statistisch gesehen der Anreiz nicht sonderlich groß ist, sich mit dem Job intensiver zu beschäftigen. Denn die Wahrscheinlichkeit spricht doch klar dagegen, daß ein Trainer groß rauskommt. Wirklich freuen können sich in einer Liga mit zwölf Mannschaften nur der Meister sowie das Team, das gerade noch dem Abstieg entronnen ist. Die jeweiligen Macher sind dann tolle Hechte und sogenannte Erfolgstrainer. Die zehn übrigen Teams aber schauen am Ende der Saison in die Röhre – und sehen auf der anderen Seite ihren Trainer, wie er sich gerade verlegen am Hinterkopf kratzt.

Der plausibelste Grund für den Mangel an Trainern liegt jedoch im tiefenpsychologischen Bereich. Der Volleyballsport in Deutschland ist vermutlich noch zu jung, um bereits über ausreichend viele Trainer zu verfügen. Denn der echte Aufschwung, der zu einer Vervielfachung der Mitgliederzahlen führte, begann ja erst mit den Olympischen Spielen 1972 in München. Die damals vierzehn- bis sechzehnjährigen Jugendlichen, die sich für diese Sportart entschieden, haben heute so um die dreißig Lenze auf dem Buckel. Äußerlich sind diese Endzwanziger zwar nicht mehr ganz so knackig, wie sie es sich vielleicht wünschen, doch vom Wuchten kommen sie halt einfach nicht los! Immer wieder hängen sie noch eine allerletzte Saison an ihre Laufbahn an, um sich nicht eines Tages vorwerfen zu müssen, etwas versäumt zu haben. Für den Trainerjob fühlen sie sich noch zu jung! Lieber ein irres Tier als ein irrer Trainer! Vielleicht rafft sich die 72er-Pioniergeneration eines Tages aber doch zum letzten großen Stemmschritt auf, um den Absprung ins Trainerdasein zu vollziehen.

Viele deutsche Volleyballmannschaften greifen zur Selbsthilfe und wählen jemanden aus ihrer Mitte zum Herren über Hallenschlüssel und Trainingsprogramm. Spielertrainer!! Wie aber sieht es im Kopf eines Menschen aus, dessen linke und rechte Hirnhälfte durch Volleyballwelten voneinander getrennt sind? Was denkt ein Mitspieler, in dem die Mitspieler immer auch den Trainer sehen? Was denkt ein Trainer, der bei jeder Entscheidung weiß, daß er sie als Spieler auch selbst mit ausbaden muß? Erschütternde Einblicke in die Welt der Schizophrenie vermittelt jener kürzlich gefundene

Abschiedsbrief eines Spielertrainers

Ich will noch kurz festhalten, warum ich in dem heutigen Schritt den letzten Ausweg sehe. Angefangen hat alles ganz harmlos. Sie haben einen Dummen gesucht. Und mich gefunden. Weil ich schon einmal eine Jugendmannschaft trainiert hatte. Grundsätzlich fand ich die Idee okay, denn nach einem ganzen Jahr ohne Trainer war die Kacke ziemlich am Dampfen in unserem Haufen.

Heute kann ich nicht mehr. Hinter mir liegen sechs Monate Vorbereitungszeit und der erste Spieltag. Freunde, helft mir! Freunde, wo seid Ihr? Ich kann nicht mehr.

Wir waren ein mittelmäßiges, aber ganz nettes Team. Vom Tag des ersten Trainings an spürte ich die wachsende Verantwortung. Ich wollte mehr als nur Lückenbüßer sein! So kam es zur ersten harten Welle. Keine Besäufnisse mehr vor Spieltagen, keine Frust-Räusche mehr nach Niederlagen. Ich spürte aber auch den steigenden Erwartungs-

druck. Denn wer den Jungs auf diese miese Tour kam, mußte seine Startrainerqualitäten erst mal beweisen!
Ihr Trainer der Welt, seid verflucht! Keiner von Euch hat auf meine verzweifelten Inserate in der Volleyballzeitschrift reagiert. Ihr wart Euch wohl zu schade, uns zu trainieren! Aber jetzt ist alles egal. Die Patrone liegt schon neben mir.
Zwei meiner besten Freunde mußten aus meinem Mund erfahren, daß sie den neuen Leistungsanforderungen nicht mehr genügten. Ich schickte sie in die Wüste und bot Ihnen an, privat trotzdem Freunde zu bleiben.
Sie lehnten dankend ab. Mit dem Rest und zwei neuen jungen Talenten zog ich ein zweimonatiges Techniktraining durch. Dank meines Ballgefühls und meiner Akzeptanz bei den Mitspielern konnte ich es mir erlauben, selbst kaum mitzumachen. Statt dessen bemühte ich mich, die zehn Grobmotoriker durch ständige Korrekturen in Volleyballer zu verwandeln. Kann aber einer, der gerade beim neunundzwanzigsten seiner dreißig Kastensprünge ist, gleichzeitig kontrollieren, ob auf den übrigen Stationen des Circuit-Trainings voll gepowert wird? Kann einer, der gerade zehn Blocksprünge absolviert hat, hechelt und nach Luft japst, den Angreifern mit kühler Analyse ihre Fehler aufzeigen? Ich konnte es locker.
Beim ersten Turnier waren alle Jungs stark verbessert, ich selbst erreichte nicht ganz meine Normalform. So nebenbei lege ich jetzt übrigens die Patrone ein.
Bei den folgenden Turnieren mußte ich den jungen Spieler, der sich so verdammt gut auf meiner Position zu mausern begann, doch immer wieder rechtzeitig auswechseln. Ich wollte ihn ja nicht verheizen, und außerdem durfte ich der Mannschaft meine Routine nicht vorenthalten.
Als es auf die Saison zuging, saß an den Abenden nach den Trainings meist der Abteilungsleiter und nur noch selten einer von den Kumpels neben mir. An meinem Tisch wurde nur noch von Saisonzielen, Etats und Leistung gesprochen. Die Show, ob Zocken oder Sprüchereißen, lief an den Nebentischen ab.
Ich schreie es hinaus: warum darf ich nicht normal sein?! Ich will wuchten, wuchten und sonst gar nichts!!
Nach halbjährigem Grübeln hatte ich die optimale Stammsechs für den ersten Spieltag gefunden. Diesen Jungs schenkte ich mein Vertrauen! Bis zum 0:7 im ersten Satz war ich an fünf Punkten direkt schuld. Ich hatte technische, konditionelle und Verständnisprobleme. Ich nahm eine Auszeit, um den Jungs ihre Fehler vorzuhalten. Doch ich brauchte die vollen dreißig Sekunden, um überhaupt zu Atem zu kommen.
Kurz darauf ein Schock für die Mannschaft! Ich wurde verletzt! Ich humpelte und lächelte gequält zur Bank, wo ich aus früherer Gewohnheit den Trainer vermutete. Ich ver-

suchte abzuwinken, um eine Auswechslung zu verhindern! Der Trainer jedoch brachte den jungen Ersatzmann. Während das Spiel weiterlief, begleitete mich der Trainer hinaus zu den Waschräumen. Ich kühlte mein schmerzendes Fußgelenk mit kaltem Wasser, und mein Trainer tröstete mich. Wir gingen zurück in die Halle und sahen zu unserer Überraschung, daß unsere Mannschaft jetzt mit dem Gegner kurzen Prozeß machte. Nach dem sensationellen Sieg stürzte der Abteilungsleiter jubelnd auf mich und den neben mir stehenden Trainer zu. Der gegnerische Coach, ein etwa fünfzigjähriger Vollbluttrainer osteuropäischer Herkunft, klopfte mir anerkennend auf die Schulter: „Du prima Mannschaft! Du gut Trainer!“ Ich wollte das Lob an meinen Trainer weitergeben, doch der war plötzlich nicht mehr da. Da stand auf einmal nur noch ich, ein achtundzwanzigjähriger Vollblutvolleyballer mit kaputtem Fuß.
Ich kann das alles jetzt nicht mehr ertragen. In diesen Sekunden denke und fühle ich wie ein Spieler und bin also Herr meiner Sinne. Ich stelle fest, daß diese Welt mich nicht mehr wuchten sehen will. Ohne Wuchten ist alles sinnlos!
Ich scheide jetzt aus dem Volleyball-Leben. Die Patrone ist bereits eingelegt. Ich nehme also den Füller und unterschreibe den Aufnahmeantrag für den Männergesangverein!

Soweit dieser Brief. Wie einleitend beschrieben wird in Kürze Jahr für Jahr eine nennenswerte Anzahl von Spielerinnen und Spielern aus dem aktiven Leistungssport ausbiologisieren. Wenn davon ein gewisser Prozentsatz in die Trainerlaufbahn einsteigt, könnte es gelingen, hoffnungsvolle junge Menschen vor der Schizophrenie zu retten! Die Sache hat nur einen Haken: Volleyballer wollen wuchten! Die jetzt Dreißigjährigen werden wie die Berserker im Kraftraum trainieren, Lifting und Frischzellentherapien absolvieren, um immer noch ein weiteres Jahr mit den Jungen um die Wette prügeln zu können . . .

Der Volleyballsport und die menschliche Anatomie

Liebe Mitbürgerinnen und Mitbürger,

ich kann es nur begrüßen, daß heutzutage auch den Randgruppen der menschlichen Gesellschaft eine gewisse Daseinsberechtigung zuerkannt wird. Ethisch gesehen sollten wir Toleranz und Nächstenliebe walten lassen, wenn wir mit Menschen konfrontiert werden, die irgendwie anders sind als wir. Beschäftigen wir uns heute also mit Volleyballern!

Die Mehrheit von Ihnen ist beunruhigt, weil in Ihrem Gemeindegebiet seit dem Bezirksliga-Aufstieg des TSV verstärkt Volleyballer aufgetreten sind. Diese Wesen erscheinen Ihnen fremdartig und in ihren Handlungen oft unverständlich. Sicher wird es Ihnen da helfen, sich von einem Fachmann einige klärende Worte anzuhören.

Mein Name ist Professor Dr. Klebhard Pfuschpflasterer. Ich darf vorausschicken, daß mit meiner Person kein Unbedarfter zu Ihnen spricht. Mein Lebenswerk gilt der Erforschung des „homo sapiens volleyballiensis"!

Indem wir den menschlichen Körper von Fuß bis Kopf durchschreiten, werde ich bei den jeweiligen Körperteilen und Partien erläutern, welche merkwürdigen Veränderungen der Volleyballsport am normalen homo sapiens bewirkt.

Beginnen wir bei den Fußsohlen. So mancher Volleyballer holt sich wegen der zahlreichen Antritte und Stops auf dem Spielfeld blutige Socken. Die Fußsohlen werden deshalb gepflastert und getaped. Routinierte Volleyballer merken rasch, daß sie eine Lage Tape zusätzlich zur Hornhaut noch größer macht! Also tapen alle Volleyballer ihre Fußsohlen.

Echte Schwachstellen des Volleyballers sind seine Fußgelenke. Grobkoordinierte Weitsprung-, Dreisprung- oder Flopversuche am Netz führen in aller Regel zu Bänderrissen. Manche Volleyballer haben sich deshalb prophylaktisch alle Bänder durch Stahlseile ersetzen lassen. Andere spielen mit Skistiefeln. Die meisten tapen ihre Fußgelenke, bis sie umknicksicher verklebt sind.

Direkt an den Fußgelenken entspringen die Unterschenkel. Sie haben elementare Bedeutung für die Körpergröße von Volleyballern. Ohne Unterschenkel wären manche

Zwerge nicht einmal mehr „laufende Meter“! Die Wadenmuskulatur ist der Ort, wo der ganze Krampf, den Volleyballer zusammenspielen, abgeladen wird, um sich dann im fünften Satz plötzlich bemerkbar zu machen. Ästhetische Volleyballer tragen an den Unterschenkeln weiße Kniestrümpfe. Damit sie sauber halten, werden sie mit Tape fixiert.

Die Kniegelenke so manches „homo volleyballiensis“ sind stark degeneriert. So weit kann es kommen, wenn Körperteile nie bewegt werden. Gesprungen wird aus dem Stand, tiefe Sicherungsarbeit wird nicht verrichtet, gebaggert wird mit Giraffenbeinen und Schleuderarmen! Damit Ober- und Unterschenkel trotz rostiger Scharniere zusammenhalten, werden sie in Kniehöhe gründlich aufeinandergetaped. Aus medizinischer Sicht zu begrüßen ist der Versuch vieler Volleyballer, das bewegungslose kalte Gelenk zusätzlich mit wärmenden Knieschützern zu umhüllen.

Widmen wir uns nun den Oberschenkeln. Der Mannschaftsarzt einer renommierten Nationalmannschaft konnte mit einer Messung nachweisen, daß die Oberschenkelmuskulatur eines Spitzenhauptangreifers während eines einzigen Wettkampfs bis zu 10.000mal kontrahierte. Damit die weißen Strapse, mit denen modebewußte Volleyballer ihre Knieschützer fixieren, bei solchen Belastungen nicht verrutschen, werden auch die Strapse ordentlich festgetaped.

Auf unserem Weg durch den Volleyballmenschen folgt die Becken- und Hüftpartie. Wir Wissenschaftler sind sicher, daß irgendwo in dieser Körpergegend auch der Ort zu finden ist, wo das in der Praxis so häufig zu beobachtende Phänomen des Muffensausens bei gegnerischem Satzball auftritt. Wir empfehlen, diese Schwachstelle einfach dichtzutapen. Und einen weiteren brillanten Erfolg der Sportmedizin darf ich hier verkünden: Nach ausführlicher statistischer Erfassung der Vorderseiten von Volleyballer-Hüftpartien ist erwiesen, daß der nicht zu bestreitende kleine Unterschied zwischen Damen- und Herrenvolleyball hier irgendwo seinen Ursprung haben muß! Wir wagen aber natürlich nicht zu unterstellen, daß Volleyballer bereits so weit gehen, sich durch geschicktes Tapen unter der Sporthose eine Spielberechtigung beim jeweils anderen Geschlecht zu erschwindeln.

Die Wirbelsäule, um die herum sich der weitere Volleyballerkörper aufbaut, muß sich der Laie bei Sprüngen und Landungen wie eine Art Ziehharmonika vorstellen. Häufig benutzte Ziehharmonikas halten höchstens ein paar Jahre und landen dann in irgendeiner Kiste. Ähnlich wäre es mit dem Volleyballer und seiner Wirbelsäule – wenn es kein Tape gäbe! In einer vorbeugenden Operation wird die Wirbelsäule vom Rükken her völlig freigelegt und mit Längsbahnen sauber verklebt. Ziel muß die absolute Dreh- und Biege-Unfähigkeit sein, damit keine einzige Bandscheibe Gelegenheit zum Ausflippen erhält. Nach Zunähen (evtl. auch Zutapen) des Rückens wird der so präparierte Volleyballer auf die Beine gestellt und bekommt eine zusätzliche hosenträgerähnliche Wirbelsäulenfixierung verpaßt. Zwei Tapeschlingen werden wie Schärpen zwischen die Beine und jeweils diagonal hoch zum Hals gelegt. Derart zusammengepreßt kann die Wirbelsaule dauerhaft vor dem Ziehharmonika-Effekt bewahrt werden!

Wirklich faszinierend ist die Bauchregion des homo sapiens volleyballiensis. Manche Volleyballer schieben eine Kugel vor sich her, daß man meinen könnte, sie hätten die weiße Murmel verschluckt. Bei größerer Zuschauerkulisse tapen sich solche Body-Builder eine korsettartige Wespentaille. Die überwiegende Mehrheit der Volleyballer ist jedoch spindeldürr und hat eher Probleme mit den netzfehlerverursachenden Schlottertrikots. Hautenge Umwicklungen von außen mit breitem Tape schaffen Abhilfe.

Auch die inneren Organe des Volleyballers unterscheiden sich von denen normaler Menschen. Leber und Nieren haben die bedauernswerte Aufgabe, all das verarbeiten zu müssen, was manche Mitspieler ihrer Mannschaft als Spieltagszaubertrank zusammenbrauen. Meistens eine Art Mischung aus Elektrolytmineralientee und Weißbiersprudel. Noch gefährdeter sind allerdings die Nieren von Trainern, denn diese müssen immer wieder Aktionen ihrer Mannschaften miterleben, bei denen es einem eiskalt über den Rücken läuft. Auf einer ähnlichen Ursache könnten auch die Spontan-Eruptionen der Trainergalle beruhen.

Was das Lungensystem betrifft, so sind Volleyballer in der Tat fremdartig. Im Training haben sie Kiemen, um im ein Meter hohen Schweißbad in der Halle nicht abzusaufen. Im Spiel dagegen haben sie Lungen, da die Kiemen – um den Gegner zu bluffen – tarngetaped werden. Erst, wenn auch im Spiel der Schweiß in Strömen fließt, wird wieder auf Kiemenbetrieb umgeschaltet. Sofern der Tapestreifen wieder rechtzeitig entfernt werden kann.

Der Fachausdruck Sportlerherz ist eine niedliche Umschreibung für den riesigen Muskelklumpen, der die Volleyballerbrust ausfüllt. Bei einem Ruhepuls von zwei bis drei Schlägen pro Minute wird der gesamte Körper mit jedem Schlag ähnlich erschüttert wie der Turm des Kölner Doms beim Dröhnen der tiefsten Glocke. Unvorstellbar, daß diese Pumpe bei Bedarf die roten Wucht- und weißen Blockkörperchen auch mit Frequenz 180 in die Adern pressen kann!

Der Schultergürtel und seine Gelenke sind beim Volleyball schier unmenschlichen Belastungen ausgesetzt. Trainer, die den Dampfhammerbagger und die Atomangriffspeitsche predigen, nehmen dies bewußt in Kauf. Wie Turbopropeller wirbeln die Arme im Schultergürtel und drohen bei

HMauch

jedem Ballkontakt aus dem Rumpf gerissen zu werden. Abhilfe schafft auch hier wieder das gute alte Tape. Am Schultergürtel entlang werden Bahnen von einem Ellenbogen zum anderen geführt, zum Teil vor, zum Teil hinter dem Hals. Hinzu kommen seitliche Fixierungen der Oberarme am Brustkorb.

Damit sind wir schon bei den armen Armen des Volleyballers. Was müssen sie nur alles aushalten! Allein schon die einseitige Anstrengung beim Angriffsschlag, wo der Nichtschlagarm wie gelähmt am Körper herabhängt, während sich der andere krampfhaft nach dem Ball streckt! Oder beim liegestützähnlichen Kraftakt „Hechtbagger", wenn ab und zu verhindert werden kann, daß das Kinn auf dem Boden aufschlägt! Jedenfalls werden die Unterarme dick vertaped, um vor den gegnerischen Angriffsgranaten besser geschützt zu sein. Und die Hände von Volleyballern sind ohnehin bis zu den Fingerspitzen getaped, weil allzu viel Fingerspitzengefühl beim Pritschen schon wieder schädlich wäre.

Meine Damen und Herren, nach diesem körperlichen Vorgeplänkel kommen wir nun zum eigentlichen Problem des Volleyballmenschen – zu seinem Kopf! Wozu braucht ein Volleyballer Ohren? Grölende Zuschauer, schrille Schiedsrichterpfeifen und Coachquasseleien lenken nur unnötig ab! Wozu braucht ein Volleyballer den Mund? Mit dem werden ja doch nur Mitspieler angepflaumt und während der Satzpausen ungesunde Süßigkeiten verdrückt! Wozu brauchen Volleyballer eine Nase? Bei manchen verursacht der Zinken höchstens Netzfehler, und einen echten Riecher für Spielsituationen haben die wenigsten! Wozu brauchen Volleyballer Augen? Spielzüge müssen ohnehin mit blindem Verständnis funktionieren, ein Blick auf die Anzeigetafel hebt nur unnötig den Adrenalinspiegel und daß das Netz durchsichtig ist, wurde von irdischen Volleyballmenschen bis heute nicht erkannt! (Obwohl die intergalaktische Regelkommission – nur Superman vom Planeten Krypton besitzt den Röntgenblick – die frühere Stahlbetonwand zwischen den Spielfeldhälften durch ein grobmaschiges Netz ersetzte!)

Verehrte normale Menschen, Sie werden nun sicher nicht mehr überrascht sein, daß selbst die Köpfe von Volleyballern vollständig zugetaped sind. Wenden wir uns aber schließlich noch dem Volleyballerhirn zu. Ein einziger gewaltiger innerer Hohlraum! Ihn braucht der Spieler, um darin bei 2:0 Führung gedanklich den Liegestuhl aufzuspannen und sich im sicheren und unvermeidlichen Sieg zu sonnen! Die wenigen biologisch intakten grauen Zellen bestehen im übrigen nur aus geballtem Wahnsinn – und das ist das einzige Problem, das durch Tapen bisher noch nicht gelöst werden kann . . .

Ja, meine Damen und Herren, an Ihren

Gesichtern merke ich, daß auch Ihnen langsam ein Licht aufgeht! Ihre Schlußfolgerungen sind völlig richtig: Tuth-Ench-Amun war ein phänomenaler Angreifer und Nofretete eine begnadete Zuspielerin! Dic altägyptischen Mumien, natürlich ehemalige rundumvertapete Volleyballer!! Wir sind gegenwärtig Zeugen eines Wiedererwachens der altägyptischen Hochkultur.
Liebe Mitbürgerinnen und Mitbürger, wenn Ihnen also beim abendlichen Spaziergang im Dämmerlicht eine etwas staksig wirkende weiße Gestalt entgegenkommt, erschrecken Sie bitte künftig nicht mehr – sondern grüßen Sie freundlich durch Abklatschen der rechten Hände! Der Volleyballer wird Sie dann in angenehmer Erinnerung behalten, was später, falls gerade dieser Volleyballer unser aller neuer Pharao werden sollte, nur von Vorteil für Sie sein kann!

Erinnerungen eines Oldtimers

Wenn ich mich im Spiegel so anschaue, packt mich das kalte Grauen. Falten, Falten, nichts als Falten. Keine Kraft mehr! Ich gehe am Stock. Mein krummer Rücken wird niemanden mehr entzükken. Was habe ich falsch gemacht?
Nun gut, ich gebe es zu – ich habe Volleyball gespielt. Aber das ist doch schon s o lange her. Nur Schwerverbrecher bekommen „lebenslanglich", und selbst die werden manchmal begnadigt! Warum muß ausgerechnet ich für meine Jugendsünden büßen? Ich bin wie ein Fossil aus längst vergessenen Zeiten. Heute interessiert man sich anscheinend nur noch für Steffi's Grand-Slam, aber nicht für m e i n großes Schlamassel! Volleyball! Mein Gott – ich bin vermutlich der letzte überlebende Volleyballer! Ob mir irgendjemand meine Lebensgeschichte glauben würde?
Ich war der jüngere von zwei Söhnen einer asiatischen Stellerin und eines kubanischen Hauptangreifers. Ich kam in einer Auszeit zur Welt, denn meine Mutter war auch im neunten Monat für ihre Mannschaft unentbehrlich. Mit ihrer wehenhaften Unruhe brachte sie ihre Mitspielerinnen so aus dem Rhythmus, daß das Spiel verlorenging. Diese Schuldgefühle überlebte sie nicht. Und als dann noch mein Vater bei einem Block über das Netz fiel und sich den Hals brach, war ich nach wenigen Monaten Vollwaise! Wie Tarzan bei den Affen wuchs ich nun bei den Volleyballern auf. Mein Schnuller war die Schiedsrichterpfeife, mein Laufstall ein Kastenteil und meine Windel ein liegengebliebenes Trikot.
Sehr rasch lernte ich ihre Ausdrücke und Gesten kennen. Mein erstes Wort war „Touche", und ich ernährte mich von Pausentee und Proteintabletten. Die ersten Gehversuche schloß ich mit Stemmschritt und Strecksprung ab.
Nach dieser zugegeben noch ziemlich durchschnittlichen frühesten Kindheit wurde ich adoptiert und von einem netten Ehepaar zivilisiert erzogen. Wegen zu vieler Hechtbagger in ihrer aktiven Zeit konnten sie keine eigenen Kinder kriegen, und so waren sie ganz wild auf einen Racker wie mich. Auf jeden Fall waren die neue Mama und der neue Papa ehemalige Volleyballer, so daß ich meiner wahren Bestimmung nicht verloren gehen konnte. Und erst jetzt begann mein junges Leben richtig Spaß zu machen!
Über Mikro- und Knirpsvolleyball kam ich zum Minivolleyball. Die Schule lief so ne-

benher mit. Mit Mathe gab es Probleme, denn ich konnte lange Zeit nur bis 15 zählen. Wenn ich mich verrechnet hatte, schlug ich dem Lehrer erst mal „Doppelfehler" vor. Aber beim Minivolleyball blühte ich auf! Wir waren zwölf Typen mit Nerven wie Drahtseilen. Der arme Trainer dieses Haufens hatte es damals sicher nicht leicht!
In der C-Jugend ging es dann natürlich mit Frauen und Alkohol los. Kein Rock und keine Flasche waren vor mir sicher! Ich erinnere mich gern an diese Zeit. Mein einflußreicher Vater verschaffte meinem Klassenleiter dann endlich den ersehnten Platz im Gemeinderat, so daß ich schulisch keine Probleme mehr hatte. Mit drei Weißbierchen und einem schönen Mädel am Spielfeldrand machte ich in der C-Jugend meine besten Spiele.
War ich vielleicht tatsächlich ein wenig frühreif? Mit 14 kam ich jedenfalls in die B-Jugend. Aber gleichzeitig flog ich aus der Jugendauswahl, denn ich war drogensüchtig. Ich konnte nichts dafür, denn unser Coach ließ uns in den Auszeiten immer an einem feinen Pulver schnüffeln. Wir waren dann echt happy und gewannen alles! Erst hinterher stellte sich heraus, daß meine Kindheit wohl etwas verkokst . . . äh . . . verkorkst war!
Gerade, als ich während der Entziehungskur die familiäre Nestwärme am dringendsten gebraucht hätte, ließen sich meine Eltern scheiden. Sie konnten sich nicht einigen, ob ich Zuspieler oder Angreifer werden sollte. Aber ich verkraftete auch diesen Schock, kam weg von Sprit und Schnee und war körperlich und seelisch reif für die A-Jugend.
Ob ich den Hechtbagger eigentlich noch so gut kann wie damals? Au! Mein Kreuz! Lassen wir das lieber . . .
In der A-Jugend war ich bereits absolut perfekt. Mit jedem Finger meiner Hand konnte ich den Ball auf jeden Fleck der gegnerischen Hälfte lenken. Allein aus dem Fluggeräusch des Balles hörte ich Wucht und Anflugwinkel heraus. Aber dann kamen die Verletzungen: drei Bänderrisse, vier Gelenkbrüche und eine Wirbelsäulenzersplitterung! Böse Zungen behaupteten damals, sie hätten noch nie ein so junges Wrack gesehen. Doch von einem körperlichen Niedergang konnte keineswegs die Rede sein!
Bald wählte man mich zum schönsten Volleyballer Europas, und kurz darauf wurde ich Damentrainer. Es waren wiederum einige anstrengende Jahre, denn die alte C-Jugend-Leidenschaft brach in mir durch. Beine von Volleyballerinnen! Schlank und rank, mit einer rassig geschnittenen italienischen Sporthose . . .
Während ich persönlich mich topfit fühlte, begann insgesamt das Interesse an Volleyball nachzulassen. Das hatte etwas mit einem gewissen Boris Becker zu tun. Ein Möchtegern-Volleyballer, der einen Prügel

in der Hand brauchte, um hoch genug hinaufzukommen, und das, obwohl bei ihm das Netz niedriger hing. Jedenfalls fuhr die Welt voll auf den ab: er war im Nu populärer als ich und alle übrigen Volleyballer zusammen!

Aber er war nicht das Hauptproblem. Das Spiel selbst hatte sich nachteilig entwickelt. Das Sache war so fatal und schnell geworden, daß die Spieler schon Kombinationen springen mußten, bevor der Gegner überhaupt aufgeschlagen hatte! Die Turnhallen drohten zusammenzubrechen unter dem Stakkato der Beinarbeit. Die Spieler mußten asbestbeschichtete Trikots anziehen, um angesichts der Schnelligkeit ihrer Bewegungen nicht in der Reibungshitze zu verglühen. Asbest ist krebserzeugend, und so begann Volleyball auszusterben. Zum Glück hatten w i r damit in unserer Mannschaft zunächst keinerlei Probleme. Denn es wurden kaum Kombinationen gespielt, Beinarbeit war ein Fremdwort und Feuer fing beim Spielen erst recht keiner!

Spieglein, Spieglein an der Wand . . . Spiegel!! Wenn Dir Dein Leben lieb ist, dann sag' jetzt lieber nichts! Ich fühle mich wie 121, mache auf 111 und wirke wie 131. Und mein wahres Alter glaubt mir sowieso kein Mensch!

Nach fünf Jahren als Damentrainer war ich elfmal verheiratet und elfmal geschieden. Natürlich verursachte das eine gewisse Unruhe unter den Mädchen, und auch ich war öfters hin und her gerissen. Aber mit der Selbstverständlichkeit eines internationalen Jet-Setters wirkte ich auch nach diesen Affairen jugendlicher und dynamischer denn je! Aufgrund meiner makellosen Vergangenheit, meiner Entscheidungsfreude und meines ewigen Optimismus' schlug man mich zum Bundeskanzler vor. Ich hätte Papst und Konzernchef werden können. Doch all dies wären Jobs gewesen, in denen man vorzeitig altert. So beschloß ich, dem Volleyball treu zu bleiben.

Und noch war die Szene ja nicht ganz ausgestorben. Angesichts des Mangels an guten Schiedsrichtern fühlte ich mich verpflichtet, den „Pfeifenschein" zu erwerben. Mich reizten die zu erwartenden Höllenqualen! Dort oben zu sitzen, wo die Luft dünn, aber unheilschwanger ist! Ich stellte so manche Mannschaft vor Konditionsprobleme. Denn um niemanden zu benachteiligen, entschied ich grundsätzlich nach jedem Ballwechsel auf Doppelfehler. Mit einem Lächeln verwies ich ganze Mannschaften aus der Halle, erklärte Kopfsteinpflaster für bespielbar und war großzügig beim Übertreten, wenn plötzlich acht gegen vier spielten. Manche Zuschauer wollten mich vom Stuhl holen, steinigen und kreuzigen, andere wiederum murmelten nur ehrfurchtsvoll: „So jung und schon so weise!"

Ich pfiff göttlich, überirdisch – denn Menschen konnten meine Entscheidungen nicht nachvollziehen. Und jeder andere hätte in dieser Zeit graue Haare und Sorgenfalten bekommen müssen, ich jedoch blieb auch als Schiedsrichter der strahlende Adonis! Nur einmal mußte ich mich wirklich ärgern. Als einer „Schiri ans Telefon!“ rief, ging ich ran, doch gemeint war der Kollege vom anderen Netzpfosten. Da beschloß ich, Funktionär zu werden.

Immer noch war ich selbst auch aktiver Spieler, aber es beunruhigte mich, mich bisher noch viel zu wenig mit Planung und Organisation beschäftigt zu haben. Was gab es da nicht für großartige Aufgaben! Ich revolutionierte die Mitgliederverwaltung durch die Einführung von 27 neuen Formularsätzen. Außerdem erreichte ich eine Satzungsänderung durch Neuformulierung des Paragraphen 6, Absatz 2, klein Berta der Satzung, der bisher dahingehend gelautet hatte, daß Satzungsänderungen unzulässig seien. Ich galt fortan als progressiver, energischer Funktionär, der entschlossen alte Zöpfe abschnitt. Diesselbe Zwei-Drittel-Mehrheit aber, die ich zuvor zur Durchsetzung der Satzungsänderung in vereinsinternen Flügelkämpfen um mich geschart hatte, verweigerte mir dann auf der Hauptversammlung bei der Wiederwahl die Stimme. Der Grund: ich hatte den Paragraphen 6, Absatz 2, klein Cäsar übersehen, der Satzungsänderungen zum Zweck von Satzungsänderungen ausdrücklich ausschloß!

Trotz dieser stupiden Paragraphenreiterei – und obwohl ich frustriert war, weil ich nicht wiedergewählt wurde – war ich immer noch der ewig junge Bäumeausreißer!! Nichts, aber schon gar nichts hatte mir bis dahin etwas anhaben können! Nicht das Schicksal als Vollwaise, nicht das Aufwachsen unter Wilden und nicht die Alkohol- und Drogensucht! Elf zerrüttete Ehen und die schweren Verletzungen hatte ich locker weggesteckt! Ich hatte eine Sportart ausgeübt, bei der man entweder an Reibungshitze oder an Krebs starb, und ich überlebte selbst als Trainer, Schiedsrichter und Funktionär! Jedem anderen hätte schon ein einziger all dieser Anlässe den Rest gegeben.

Ich stehe jeden Morgen vor dem Spiegel. Traumatische Erinnerungen! Wie ein Film läuft die Katastrophe immer wieder vor meinem geistigen Auge ab . . .

Es kam der grauenvolle Tag, den ich nie vergessen werde. Wir hatten ein Punktspiel gegen unseren Erzfeind, den Lokalrivalen. Ich war damals gerade 21 Jahre alt. Im wichtigen vierten Satz, bei 1:2-Rückstand, führten wir 13:5. Aber wir schafften es, durch zehn Fehler in Folge den Satz und damit das Spiel zu verlieren. Mit jedem Punkt, den die anderen aufholten, alterte ich um ein Jahrzehnt. Meine Mitspieler von damals wurden anschließend sofort standrechtlich erschossen, ich jedoch dazu verurteilt, für den Rest meiner Tage als lebendes Beispiel für die Dummheit von Volleyballern herumzulaufen!

Klassischer Volleyball-Wahnsinn

Volleyballer wollen athletisch ballern

Nach den einleitenden Einblicken in den Volleyball-Wahnsinn und der Schilderung einiger tief im Volleyballnetz verstrickter Schicksale kommen nun endlich die klassischen Themen zu Wort. Volleyballbücher haben schließlich von Training, Technik, Taktik zu handeln – und nicht von rotierenden Hinterherhinkern, Gorilla-Oldtimern und ähnlich weltfremdem Unsinn!
Ein Buch wie dieses, das nicht mehr und nicht weniger als die neue Bibel des Volleyballsports werden will, darf die traditionelle Sichtweise nicht einfach ignorieren. Und bei der üblichen Trainerliteratur geht es um die einzige zentrale Frage: An was alles müssen Volleyballtrainer eigentlich denken, damit ihre Volleyballer erfolgreich Volleybälle ballern?
Bebrillte Sporthochschul-Lehrbeauftragte und ähnliche Praktiker haben herausgefunden, daß sich auch im Volleyball die sportliche Leistung aus vier Komponenten zusammensetzt: einer athletischen, einer technischen, einer taktischen und einer psychischen. Für alle erfolglosen Trainer, die diese Erkenntnis bisher entweder nicht verstanden haben oder noch nicht praktisch umsetzen konnten, folgt nun, ganz ohne Fachchinesisch, eine Kurzfassung der Volleyball-Trainingslehre:
„Volleyballer wollen wuchten. Damit sie wuchten können, müssen sie trainieren. Damit sie tierisch fest und fünf Sätze lang wuchten können, müssen sie ihre Athletenkörper auf Zack bringen. Damit der Schiri nicht böse wird und damit die Murmel auch immer so fliegt, wie sie soll, müssen sie zu Filigrantechnikern werden. Damit sie auf jeden gegnerischen Spielzug die richtige Antwort finden, müssen sie in die intimsten Geheimnisse der Volleyball-Taktik eindringen. Und damit sie auch immer Bock auf Bälle-Ballern haben, müssen sie schön artig mitmachen, wenn ihr Trainer sie zu motivieren versucht!“
Immerhin gibt es seit einigen Jahren k e i n neu erschienenes Lehrbuch mehr, das den psychologischen Aspekt einfach unter den Tisch fallen ließe. Denn: Volleyball wird vor allem im Hirn und mit Herz gespielt! Nur mit trockener Trainingslehre allein könnte man den Volleyball-Wahnsinn gar nicht erklären. Emotionen, Nerven, kleine graue Zellen – erst mit solchen Späßchen wird die Show so richtig schön verrückt. Aber wir wollen nicht vorgreifen, und im übrigen hat auch die Einzelbetrachtung von Athletik, Technik und Taktik durchaus ihre Reize!

Wollen Volleyballer wirklich in Folterkammern schuften, auf Berge hinauflaufen und mit Medizinbällen ballern? Liegt darin wirklich der Sinn des Lebens? Echten Vollblutvolleyballern wird es allein bei dem Gedanken an solche Schikanen die Zehennägel aufbiegen und die Darmwände umstülpen! Ein bescheidener Volleyballer braucht doch eigentlich nichts anderes als ein Spielfeld, fünf gleichgesinnte Kumpels, eine weiße Murmel und auf der anderen Seite sechs willige Opfer! Man kann doch mit so wenig Aufwand so glücklich sein!
Leider ist heutzutage fast jede Sporthalle mit einem Kraftraum ausgestattet, ehrgeizige Vereinsvorstände lesen ihren ehrgeizigen Trainern jeden Wunsch nach Geräteanschaffungen von den Lippen ab, und das Schlimmste: Die willigen Opfer sterben aus! Es laufen immer weniger Mannschaften herum, die freiwillig als Kanonenfutter dienen wollen. Kreisligisten erstellen Acht Jahres-Pläne für den Bundesligaaufstieg, Landesligisten träumen von der Europacup-Teilnahme. Wo bleibt da der Spaß, wenn plötzlich alle ehrgeizig werden?
Angesichts eines derart hyperdynamischen Umfelds hat man letztlich nur die Wahl, entweder auszusteigen oder voll in den Wahnsinn einzusteigen. Wer sich für den Streß entscheidet, mag wahnsinnig erscheinen, doch immerhin sind seine Urinstinkte noch in Ordnung! Denn der menschliche Selbsterhaltungstrieb zwingt den Volleyballer geradezu, sich gegen die feindliche Umwelt zur Wehr zu setzen. Diese Umwelt ist leider verdammt athletisch! Um des nackten Überlebens willen sind Volleyballer also bereit, selbst ebenfalls athletisch zu ballern. Lieber den anderen einen neuen Scheitel ziehen als selbst eins auf die Mütze kriegen!
Frei nach dem Autorenkollektiv Schwielenmacher/Kollapsius/Streßlow unterteilen wir die Athletik in die Bereiche Kraft, Ausdauer, Schnelligkeit, Koordination und Beweglichkeit. Der terminologischen Vollständigkeit halber sei zudem erwähnt, daß Kapazitäten wie Betterknow, Phrasendrescher und andere statt von „Athletik" lieber von „konditionellen Eigenschaften" sprechen. So oder so hat die Sache mit Schweiß zu tun! Sinn dieses Buches ist es, sich immer wieder in die Lage der Opfer zu versetzen. Was empfinden nun Volleyballer bei derartigen Trainingsinhalten?

Krafttraining

Es gibt ein Zauberwort, das Volleyballeraugen funkeln und Volleyballerherzen höher schlagen läßt. Sprungkraft! Für Zwerge ohnehin ein Muß, damit sie am Netz überhaupt eine Daseinsberechtigung haben. Für Normalgewachsene ein Feilschen um jeden Zentimeter zur Auskostung des wahren Lustgefühls. Für Riesen ein Heidenspaß, wenn sie auf ihre Reichhöhe von 2,70

Metern noch einen weiteren Meter bis zur Abschlaghöhe draufsatteln können. Es gibt aber auch ein Wort, das die Augen nervös flackern und die Herzen unrhythmisch stottern läßt. Sprungkrafttraining!!
Wer gerade seinen 80 Kilogramm schweren Kumpel auf den Schultern sitzen hat und die dritte von vier Kniebeugen-Serien absolviert, verdrängt am besten die Gegenwart. Denn die ist mit dem stinkigen, schweißnassen Monster auf dem Buckel nicht besonders angenehm. Die Gedanken schweifen deshalb in die Zukunft, mit Stammplatzhoffnungen und ehrfürchtig die Sprunghöhe bewunderndem Publikum. An der Langbank, wo locker beidbeinig Wedelsprünge zu absolvieren sind, träumen Volleyballer von Tiefschneeabfahrten und Jet-Set-Parties in St. Moritz. Und während der Trainer im Hintergrund erklärend etwas von Wiederholungs- und extensiver Intervallmethode faselt, erhoffen sich Volleyballer als optischen Lohn wenigstens einen knakkigen Hintern für die kommende Badesaison.
Natürlich macht auch ein trapezförmiges Kreuz am Strand ordentlich etwas her. Insofern haben Volleyballer durchaus auch Sinn für Rumpfkraft- und Schlagkrafttraining. Wer will schon wie ein Fußballer herumlaufen, mit dicken Oberschenkeln, aber oben herum athletisch wie ein Zahnstocher? Volleyballer merken sehr rasch, daß ein kräftiger Körper nicht nur figürlich interessant ist. Wer ein echtes irres Tier werden will, muß sich eben auch mit Kraftmaschinen, Hanteln und Medizinbällen anfreunden können. Am höchsten Punkt des Sprungs den Schlag auslösen! Explosiv den Körper aus der Bogenspannung heraus zusammenklappen! Mit Brachialgewalt die Kugel mit dem Schlagarm nach unten dreschen! Zertrümmerte Blocks, geplatzte Bälle, abgeschossene Abwehrspieler! Drei-Meter-Raum, Boden-Decke-Boden-Decke!! Nach solchen Erlebnissen erheben Volleyballer den Kraftraum zum Tempel ihres Glaubens.

Ausdauertraining

In Bayern gibt es die Sportart, einen voll eingeschenkten Maßkrug mit gestrecktem Arm möglichst lange waagerecht in der Luft zu halten. Der Rekord liegt angeblich irgendwo bei 25 Minuten. Es ist nicht bekannt, ob der Arm des Rekordlers nach dem Rekordversuch verfault abgefallen ist. Was das Ganze mit Volleyball zu tun hat? Möglicherweise nur insofern etwas, als brave Auswechselspieler ihren Stammsechs-Kollegen in der Auszeit einen Getränkekanister hinhalten müssen. Aber Auszeiten dauern zum Glück nur dreißig Sekunden.
Das Beispiel soll jedoch auch dem Laien klarmachen, daß es im Sport sehr spezielle Arten von Ausdauer gibt. Volleyballer müssen sicherlich anders trainieren als ein niederbayerischer Maßkrugstemmer. Höch-

stens die Siegesfeiern könnten wiederum Ähnlichkeiten aufweisen.
Jeder Freizeitsportler weiß, daß ohne gute allgemeine Ausdauer („Kondition“, wie es der Volksmund nennt) im Sport kein Blumentopf zu gewinnen ist. Folgt daraus aber zwingend, daß Volleyballer Lust haben, als Saisonvorbereitung Berge hochzuhecheln? Aus der Praxis wissen wir, daß Volleyballer zunächst ziemlich schwerhörig sind, wenn der Berg ruft. Selbst wenn er brüllt! Volleyballer müssen eben immer erst Erfahrungen sammeln!
Ein Mittelblocker wird recht dumm aus der Wäsche schauen, wenn er nach einem langen Ballwechsel schnaufend am Netzpfosten hängt und sein Gewissen plötzlich als schemenhafte Gestalt neben ihn tritt: „Siehst Du, jetzt hast Du ein schlechtes Gewissen! Deine anaerob-alaktazide Energiebereit-

stellung hat versagt! Hättest Du damals gründlich genug im aeroben Bereich trainiert, wärst Du jetzt beim dritten Hechtbagger nach vier Blocksprüngen nicht schon in die anaerob-laktazide Phase eingetaucht! Tja, jetzt bin ich ja gespannt, wie Du Deine Milchsäure wieder abbaust?!“

Volleyballer hassen ihr schlechtes Gewissen. Weil es ihnen mit seinem doofen Gequatsche so fürchterlich auf die Nerven geht. Bei der nächsten Saisonvorbereitung werden sie deshalb sehr, sehr viel laufen. Sogar den Berg hoch. Und sei es nur, um dem Trainer, der mit der Seilbahn hochgefahren ist und oben wartet, zu beweisen, daß er ein dekadentes faules Schwein ist.

Schnelligkeitstraining

Wer einmal in Superzeitlupe gesehen hat, wie ein von einem echten Gorilla auf die Drei-Meter-Linie zementierter Volleyball im Moment der Bodenberührung zur weißen Pizza wird, um dann als langgezogene weiße Gurke wieder nach oben zu steigen, der möchte da sicherlich nicht unbedingt in der Haut des Balles stecken. Und in jenem Moment, wo der Gorilla der Kugel eins auf die Mütze gibt, eigentlich auch nicht.

Um zum Pizza-Zementierer zu werden, brauchen Volleyballer Schnellkraft. Damit auch im fünften Satz noch weiße Gurken noch oben wegspritzen, um an der Hallendecke wieder zu Pizzas zu werden, brauchen Volleyballer Schnellkraftausdauer. Um ein abgefälschtes Ei knapp über dem Boden noch einmal hochzuschaufeln, brauchen Volleyballer auch in der Abwehr Schnellkraft. Und um auch im fünften Satz noch Beinarbeit wie Fred Astaire und Tiefflugaktionen wie ein Starfighter zu bringen, kommen Volleyballer auch in der Abwehr um eine gewisse Schnellkraftausdauer nicht herum.

Ja gibt es denn überhaupt Aktionen, wo Volleyballer n i c h t schnell sein müssen? Im Block? Ein Mittelblocker ohne Känguruh-Schenkel und Antilopen-Waden hat keine Chance! Als Zuspieler? Trainer verlangen heutzutage, daß der Zuspieler den von seinem Dreier in den Block getrommelten Aufsteiger zeitgleich in der Sicherung wieder rettet!

Neben der Maximalkraft von Bodybuildern und der Ausdauer von Marathonläufern wünschen sich Volleyballer also auch ein paar Muskelfasern von Carl Lewis und Didi Mögenburg. Volleyballtrainer wissen jedoch, daß sogenannte längs- und quergestreifte Muskulaturen bzw. rote und weiße Muskulaturen eigentlich krasse Gegensätze bilden. Das ideale Volleyballerfleisch wäre demnach eine Art biologisches Wunder: rosa karierte Muskeln!

Schnell noch ein Wort zur Schnelligkeit von Volleyballern. Volleyballer sind wahnsinnig. Volleyballer sind wahnsinnig schnell. Volleyballer sind wahnsinnig schnell müde.

Volleyballer sind wahnsinnig schnell müde, wenn Spiele am Sonntagvormittag stattfinden. Volleyballer sind wahnsinnig schnell müde, wenn Spiele am Sonntagvormittag stattfinden und die Mannschaft am Samstagabend gebechert hat! Volleyballer sind wahnsinnig.

Koordinationstraining

Nach den bisherigen Ausführungen könnte der Eindruck entstanden sein, daß Volleyballer Sportler sind, die nach 42 Kilometern Anlauf auf den letzten Metern eine Hantel vom Boden aufheben und damit locker über eine Hochsprunglatte floppen. Volleyballer sind zwar sehr vielseitig, aber wer schon einmal ein Volleyballspiel gesehen hat, weiß natürlich, daß die Show anders abläuft. Volleyballer laufen nicht nur stur geradeaus. Volleyballer orientieren sich am Ball!

Warum aber sieht man nie, daß einer beim Angriffsanlauf über die eigenen Beine stolpert? Warum passiert es nie, daß sich ein Volleyballer bei der Entscheidung, mit welchem Arm er aufschlagen soll, für die falsche seiner beiden linken Hände entscheidet? Warum sind Volleyballer so wahnsinnig gewandt und geschickt? Des Rätsels Lösung heißt Koordinationstraining!

Nur wenige Menschen werden bereits als Rastelli geboren, nur wenige Babies tauchen bei der Geburt im eleganten Hechtbagger aus dem Mutterleib. Für die meisten Menschen und damit potentiellen Volleyballer beginnt nach dem Durchtrennen der Nabelschnur ein schmerzhafter Lernprozeß. Wie oft muß ein Kind beim Spielen stürzen, um richtiges Abrollen zu lernen? Wie oft muß es einen Ball auf die Nase kriegen, bevor es richtiges Fangen lernt? Und wie oft muß es beim Werfen mit Steinen den Kiesel am eigenen Hinterkopf zertrümmern, anstatt Hand und Geschoß am Kopf vorbeizuschleudern? Nur Kinder, die diese erste Auslese überleben, eignen sich für Minivolleyball. Dort werden die koordinativen Fähigkeiten von geschulten Trainern systematisch weiterentwickelt.

Während der Pubertät, wenn plötzlich der Körper in die Länge zu schießen beginnt, machen die Jungtiere dann nochmals eine kritische Phase durch. Und Jugendliche, die ausgerechnet in den Pickeljahren mit Spinnenbeinen und Schlotterarmen erstmals Sport betreiben wollen, haben es doppelt schwer. Gerade in diesem Alter sind die Teens aber auch für Koordinationstraining besonders aufgeschlossen und ihrem Trainer für entsprechende Übungen geradezu dankbar. Denn parallel zum Sport entdecken sie in diesen Jahren, daß es ein anderes Geschlecht gibt, das man später für Mixed-Turniere dringend braucht. Für den Erfolg der ersten Annäherungsversuche, wenn es gilt, gleichzeitig das Licht auszumachen, den Arm um die Schultern zu legen, mit den Lippen die Lippen zu treffen und vor allem den richtigen Knopf aufzukriegen, ist Koordinationstraining eine wichtige Voraussetzung!

Beweglichkeitstraining

Es gibt kleine Menschen und es gibt große Menschen. Allen Menschen macht Volleyball Spaß, sagt man. Dennoch sieht man bei den Volleyballern in der Regel eher große Menschen. Das liegt daran, daß Volleyballer ähnlich wie Handballer möglichst über die ausgestreckten Gegnergriffel wuchten und trotzdem das Ziel treffen sollen. Große Menschen tun sich da leichter! Aber wie ist es um die Beweglichkeit von Gorillas bestellt? Wie lange dauert es, bis auf dem zwei Meter langen Weg vom Hirn bis zu den Füßen ein Bewegungsimpuls umgesetzt wird? Kann eine steife Bohnenstange explosiv wuchten?

Der alte Handballer-Spruch, daß es immer noch leichter sei, Riesen beweglich zu machen als Zwerge zum Wachsen zu bringen, gilt auch für Volleyballer. Somit sind bewegliche Riesen der Wunschtraum jedes Trainers. Hat ein Trainer aber tragischerweise doch nur lauter Zwerge im Kader, so sollte er davon ausgehen, daß bewegliche Zwerge immer noch bessere Volleyballer sein werden als unbewegliche Zwerge!

Als Ergebnis ihres Athletiktrainings wollen Volleyballer kräftig, ausdauernd, schnell, gewandt und letztlich eben auch wahnsinnig beweglich sein!

Wenn von Ballbehandlung die Rede ist, denkt der Laie üblicherweise an den Zeugwart! Bälle aufpumpen, einfetten, im Schrank aufräumen und so weiter. Aber wer dieses Buch bis hierher gelesen hat und jetzt immer noch Laie ist, dem ist ohnehin nicht mehr zu helfen. Wenden wir uns also der Volleyballbehandlung zu!

Pure Athletik, gänzlich ohne Ball, ist psychologisches Gift für Vollblutvolleyballer. Es gibt doch genügend Übungen, wo man beides kombinieren kann! Ein Trainer kann seinen Spielern ja auch einen Ball unter den Arm klemmen und sie damit den Berg hochlaufen lassen. Und das Schlagen von zwanzig Bällen in Serie hat oberschenkelmäßig auch eine Menge mit Athletik zu tun. Dennoch geht es uns hier nun ausschließlich um die reine Technik.

Seit den legendären Auseinandersetzungen zwischen Kreativen und Hinterherhinkern wissen wir, daß es verschiedene Arten gibt, Volleybälle zu ballern. Einhändig, zweihändig, einarmig oder beidarmig. Kräftig, leicht, hoch oder niedrig. Kontrolliert oder unkontrolliert! Immer neue Techniken wurden erfunden, um im Rahmen der drei erlaubten Ballberührungen pro Spielzug erfolgreich auf gegnerische Birnen zu klopfen. Wir wissen aber auch, daß die Schiedsrichter peinlichst genau darüber wachen sollen, ob die einzelnen Ballberührungen regelgerecht erfolgen.

Egal, ob einhändig oder beidhändig, ob fest oder leicht geballert wird – wenn es bei einer Aktion „plopp,plopp“ oder „patsch“ macht, werden Schiedsrichter in ihr Signalhorn blasen! Allerdings gibt es auf dieser Welt nur wenige geräuschempfindliche Adleraugenschiris, so daß der Zwang, technisch sauber zu spielen, in der Praxis für die Mannschaften doch eher gering ist.

Volleyballer wollen aber auch aus eigenem Antrieb an ihrer Technik feilen. Immerhin besteht ein nicht zu leugnender Kausalzusammenhang zwischen ihrer Grundtechnik und der Flugbahn des Balles! Volleyballer wollen am liebsten im Boden versinken, wenn die Murmel wieder einmal in eine andere Richtung entfleucht als geplant. Trainer verfluchen die Versäumnisse ihrer Vorgänger, wenn die ihnen anvertrauten

Volleyballer wollen technisch ballern

ausgewachsenen Gorillas beim Wort „Grundtechnik“ hilflos mit den Schultern zucken.
Jeder neue Trainer einer Leistungsmannschaft wird also bei Amtsantritt über die katastrophale Grundtechnik der Spieler schimpfen. Er wird aufgelöst zum Manager laufen und erklären, daß die technischen Fähigkeiten der Mannschaft nicht ausreichten, seine genialen taktischen Vorstellungen zu verwirklichen. Der Manager wird ernst nicken und ihm sagen, daß er genau deshalb verpflichtet worden sei!
Ist der neue Trainer ein lupenreiner arroganter Taktik-Schnösel, wird er die Mannschaft sofort wieder verlassen. Ist er dagegen ein Ärmelhochkrempeltyp, so wird er spontan ein notdürftiges Techniklöcher-Stopfprogramm durchziehen. Für die Aktiven, die den Volleyball-Wahnsinn ausbaden müssen, heißt dies, daß nun wieder Pritschen auf Bauchhöhe statt über der Stirn „in“ ist, und daß die Arme beim Bagger n a t ü r l i c h Richtung Decke gehämmert werden müssen! Routinierte Volleyballer sehen die diversen Technikanschauungen jedoch gelassener. Volleyballer wollen wuchten! Niemand weiß das besser als die Routiniers! Entscheidend ist doch, daß die technische Qualität der ersten beiden Ballberührungen ausreicht, um Netzaktionen zu ermöglichen. Die Technik von Routiniers garantiert, daß im Training Komplexübungen tatsächlich ab und zu mit Angriffen abgeschlossen werden. Und sie hilft, daß im Spiel phasenweise die Annahme klappt. Dank der Routiniers k ö n n e n Volleyballer wuchten!
Die folgenden Ausführungen zur Volleyballtechnik beruhen auf einer solchen ziemlich routinierten Grundhaltung.

Oberes Zuspiel

Beim Zielpritschen auf den Basketballkorb hat sich auf einmal eines der Gorilla-Babies von den anderen deutlich abgehoben. Als talentierten Jungschimpansen hat man ihn deshalb zu Auswahlmannschaften und Lehrgängen geschickt. Seine Trainer haben entsetzt die nach vorn gespreizten Daumen gesehen und kritisiert, daß er überhaupt nicht in die Knie gehe beim Pritschen. Daß er die Ellenbogen zu weit auseinander habe und die Handgelenke nach dem Abspiel nicht nachklappe. Ein anatomisches Wunder, so zu pritschen! Seltsamerweise hat dennoch jeder Paß gepaßt. Schon in der B-Jugend hat er seine Angreifer serienweise freigespielt. Eye, brain and feeling! Bei der Junioren-Weltmeisterschaft sind der Fachwelt die Augen übergegangen. Was für ein Zuspieler, was für eine Technik! Man hat ihn gefilmt und analysiert. Eine Zeit lang haben alle Nationen das gesamte Lehrwesen ihres Landes auf die neue Technik umgestellt, und der ehemalige Jungschimpanse ist weltweit absolut der Größte gewesen! Bis

eines Tages bei einem großen Turnier ein neuer unglaublich guter Zuspieler auftauchte . . .
Bei großen internationalen Turnieren werden Trends geboren. Der Laie erkennt diese feinen Unterschiede erst gar nicht. Der tiefere Volleyball-Wahnsinn bleibt ihm somit verborgen. Für ihn ist und bleibt „Pritschen“ ein merkwürdiges Schnipsen des Balles mit den Fingerspitzen. Für die meisten Gorillas übrigens auch! Laien und Gorillas wissen vom Pritschen nur, daß der Schiedsrichter nicht böse werden darf.

Unteres Zuspiel

Volleyballtrainer stehen vor dem Problem, ihre Spieler dazu zu bringen, das Baggern von Bällen zum Zuspieler als logischen Bestandteil des Spiels zu begreifen. Logik? Begreifen? Volleyballer, die n u r ans Wuchten denken, bekommen Baggerprobleme. Volleyballer denken nur ans Wuchten. Volleyballer haben Baggerprobleme!
Weiße Murmeln kommen auf vier verschiedene Arten über das Netz: als Aufschläge, als Angriffsgranaten, als Lobs oder als Geschenke. Manchmal fälscht der eigene Block das Ei in eine andere Richtung ab. Manchmal kommt es auch zu Sonderformen wie Granatenaufschlägen oder Geschenk-Lobs. Wie dem auch sei – jede der gegnerischen Murmelvarianten will individuell behandelt werden!
Warum der Bagger ausgerechnet „Bagger“ und nicht Preller, Entschärfer oder Katapult heißt, wissen wir nicht. Lassen wir doch dem Volleyball-Wahnsinn seine kleinen Geheimnisse! Tatsache ist jedoch, daß Volleyballer versuchen müssen, das Ei mittels Bagger zum Zuspieler zu befördern. Möglichst genau, möglichst entschärft und möglichst rotationsfrei! Auch beim Bagger gibt es Technik-Trends. Kleinster gemeinsamer Nenner aller Varianten ist das Spielen des Balles mit der Innenseite der parallel gehaltenen Unterarme. Manche Trainer schwören auf den seitlichen, manche auf den frontalen Bagger. Andere schwärmen von ruhiger Armhaltung mit alleinigem Kraftimpuls durch die Beine, wieder andere von ruhigen Beinen und aktiv gegen den Ball schlagenden Armen. Arme Traineropfer, arme Gorillas!
Laien und Schimpansen gehen über die Feinheiten dieses Wahnsinns grob hinweg. Für sie zählt bloß, daß sich kurz vor der Bodenberührung des Balles plötzlich wie aus dem Nichts zwei haarige Unterarme unter die Murmel schieben und dieselbe, wie an der Schnur gezogen, in Richtung der pritschbereiten Schimpansenhände schikken.

Angriff

Volleyballer wissen natürlich, daß es eigentlich primitiv ist, wie verrückt auf ein Stück

Leder einzudreschen. Aber intellektuelles Hinterfragen ist hier nicht angesagt. Volleyballer wollen wuchten! Noch-nicht-Volleyballer unter den Lesern haben eine Wucht-Anleitung mit jedem Kapitel zunehmend herbeigesehnt. Vollblut-Volleyballer haben mit jeder Seite die geballte Kompetenz dieses Buches akzeptiert und wollen ihren eigenen Angriffsstil nun bestätigt wissen. Angriff? Schmettern, prügeln, knödeln, wuchten! Lauter Ausdrücke für die gleiche herrliche Angelegenheit!

„Ha, der Gegner bringt keinen eigenen Angriff zustande, sie baggern das Ei zu uns rüber. Wir werden es ihnen um die Ohren dreschen! Vorfreude. Ich löse mich vom Netz, bis zur Drei-Meter-Linie. Wir drei Angreifer wissen, welche Kombination jetzt zu spielen ist. Hoffentlich weiß es auch unser Zuspieler! Hoffentlich klappt unser Aufbau und hoffentlich erkennt unser Zuspieler, wer von uns dreien das echte und wahre Tier ist. Ich kenne also meinen geplanten Angriffsort und konzentriere mich ganz auf den Bewegungsablauf. Ich wippe kribbelig auf den Zehenspitzen, um auf die Hundertstelsekunde genau den richtigen Explosionszeitpunkt zu erwischen. Ich will explodieren! Ich werde dynamisch wie immer anlaufen. Zwei kurze Beschleunigungsschritte, einen langen Stemmschritt. Beim Stemmschritt nehme ich die Arme zum Schwungholen weit zurück. Während ich das zweite Bein zum Absprungort nachziehe und dort für Sekundenbruchteile in eine Art Absprunghocke gepreßt werde, habe ich mit energischer Vorwärtsbewegung der Arme die Beschleunigung unterstützt. Der Ball verläßt gerade die Hände unseres Zuspielers und ich ahne und fühle, daß der Paß m i r gelten wird!

Den Augenblick des Absprungs erlebe ich mit innerem Jubel. Über die eingestemmten Fersen rollen meine Fußsohlen bis zu den Zehenballen ab. Lustvoll erlebe ich den Druckpunkt, den Augenblick, wo ich durch volle Oberschenkel- und Wadenkraft, bei gleichzeitigem flüssigen Hochreißen der Arme, abhebe. Ich jubele. Mein Timing stimmt, ich bin jetzt mit Gewißheit der auserwählte Angreifer und der Block, den ich auf der anderen Seite schemenhaft wahrnehme, macht einen desolaten Eindruck. Nur kurzfristig steige ich senkrecht wie eine Rakete hoch. Schon beginne ich, während ich weiter an Höhe gewinne, die Schlagschulter zurückzunehmen und zusätzlich den ganzen Körper in die Bogenspannung zu bringen. Bauch raus, Schultern und Beine zurück! Ich bin jetzt fast am höchsten Punkt. They call me „Harry explosion!" Ich kann den über Kopfhöhe schwebenden schlaggierigen Arm fast nicht mehr zurückhalten, Bogenspannung und Schulterverwringung wollen endlich loslegen. Kein Block in Sicht! Von rechts schwebt der zugespielte Ball in mein Fadenkreuz! Feuer, ich löse aus! Mit geballter Rumpf-, Schulter-

und Armkraft klappe ich am höchsten Punkt in der Luft zusammen. Wie ein Peitschenende nähert sich meine Schlaghand der wie regungslos vor mir ruhenden Murmel.
Der Moment der Ballberührung, wo sich trotz brachialer Gewalt Handteller und Finger fast liebevoll auf die Kugel legen, ist nach Absprung und Schlagauslösung die dritte und ekstatischste Stufe der Angriffslust. Ich weiß, daß ich das Ei voll treffe und senkrecht nach unten dreschen kann! Ich spüre förmlich, wie sich mein nach vorne gepeitschter Schultergürtel quasi über den Ball legt, um die ganze Körperkraft von oben auf die Nudel zu bringen. Bauch und Hüfte hat es durch das Zusammenklappen nach hinten gerissen, dabei sind die Beine zwangsläufig nach vorne geschleudert worden. In dieser Pose wollen wir Volleyballer am liebsten fotographiert werden. Dynamisch u-förmig in ein-Meter-zwanzig Höhe in der Luft schwebend, im Gesicht ein teuflisches Grinsen! Ich registriere leider kein Blitzlicht, aber das ist mir jetzt egal. Ich dresche, ich wuchte aus Leibeskräften! Ich verneine, daß ein Lob jetzt denselben Effekt hätte, sofern der Ball in jedem Fall beim Gegner den Boden berührt. Niemals! Punkt ist nicht gleich Punkt, auch wenn das unser Trainer sagt. Der Ball hat drüben vernichtend eingeschlagen! Die sechs Gegenspieler hatten sich gerade noch rechtzeitig verzogen.

Ich schwebe selig zu Boden, irgendwie entspannt und glücklich lächelnd. Wäre ich Raucher, würde ich mir jetzt vielleicht eine anzünden. Ich lande ungefähr wieder an meiner Absprungstelle, jubelnde Mitspieler laufen auf mich zu, neben mir bekommt auch der Pritscher ein paar Streicheleinheiten. Sogar bei mir dämmert es, daß unser Zuspieler einen gewissen Anteil an der Show hatte. Wir beide schauen uns an und grinsen.“

Block

Läßt diese Geschichte nicht die Herzen aller Vollblutvolleyballer höher schlagen? Hoffen nicht alle Volleyballer, daß in jedem Spiel möglichst viele dieser spektakulären Aktionen zu sehen sind, damit diese Sportart auch beim breiten Publikum den Durchbruch schafft? Das kommt immer auf den Standpunkt an!! Volleyballern auf der abwehrenden Netzseite ist das Hemd näher als die Hose. Selbsterhaltung hat Vorrang vor Idealismus. Dem Feind muß die Angriffs-Show vermasselt werden!
Die einzige Chance, den Gegner am senkrechten Hämmern zu hindern, besteht in konsequenter Blockarbeit. Man muß versuchen, dem angreifenden Tier über der Netzkante eine Wand aus abwehrbereiten Griffeln entgegenzustrecken. Der Erfolg solcher Blockversuche hängt ab: a) von der Miesheit des gegnerischen Zuspiels, b) von der

Blindheit des angespielten gegnerischen Angreifers, c) von der eigenen Griffelhöhe – und vermutlich tatsächlich auch d) von der Blocktechnik.
Der richtigen Blocktechnik nähert man sich am besten mit einer Negativbeschreibung. Im Sprung die Arme mehr als ballbreit auseinanderzuspreizen, so daß der Angreifer hindurchdreschen kann, scheint unklug. Die Arme in mehr als ballbreiter Entfernung von der Netzkante hochzustrecken, so daß der Angreifer dem Blockspieler das Ei auf die Birne oder auf den Latz knallen kann, klingt auch nicht so gut. Sogar sehr häßlich klingt es, wenn der Blockspieler dem Ball mit falscher Handhaltung die Finger waagerecht entgegenstreckt, so daß sich letzterer knirschend und knarzend seinen Weg durch Knochen und Knorpel bahnt. Und nicht zu überhören ist schließlich auch der Schiri-Pfiff, wenn ein Blockspieler in seinem Drang, den Winkel zu verkürzen, das Netz berührt.
Gierig in Brusthöhe lauernde Hände! Ein entschlossener Absprung! Eine Landetechnik, die einen sofortigen zweiten Sprung ermöglichen würde! Volleyballer lieben erfolgreiche eigene Blocker. Sie sind so etwas wie eine lebende Lebensversicherung.
Volleyballer haben allerdings ein Problem: sie hassen Blocktraining! Bei einer Serie von zehn Blocksprüngen gegen die angreifenden Kumpels sind meistens acht Versuche vergeblich. Von den beiden Fällen, in denen man am Ball war, tun einem hinterher die Finger weh. Aber Volleyballer wollen siegen! Wenn es sein muß, mit Hilfe von Blocktraining.

Aufschlag

Volleyballer können nur siegen, wenn sie punkten. Und sie können nur punkten, wenn sie das Aufschlagrecht haben. Das Aufschlagrecht allein nützt auch noch nichts. Das Ei muß rüber! Aber selbst das reicht noch nicht. Der Aufschlag muß die gegnerischen Annehmer vor Probleme stellen, denn sonst verwandeln sie das Geschenk in eine vernichtende Kombination! Und da haben Volleyballtrainer doch glatt ab und zu die Frechheit, zu behaupten, der Aufschlag sei die einzige Handlung im Volleyballspiel, bei der man als Spieler völlig unbedrängt sei . . .
In der Praxis ist der Aufschlag die Spielsituation, die fast am meisten von Taktik und Psychologie mitgeprägt ist. Während sonst innerhalb von Sekundenbruchteilen eher intuitiv gehandelt werden muß, hat der Aufschläger für seine Aktion verdammt viel Zeit! Auf dem Weg zum Aufschlagraum flüstert ihm sein Taktik-Kleinhirn verführerisch zu: „Jetzt einen spektakulären Flattermann auf den schwächsten Annehmer!" Im Aufschlagraum angekommen aber, wenn nach dem Schiri-Pfiff die Fünf-Sekunden-Ewigkeit beginnt, schießt plötzlich das Muf-

fensausenhormon durch den flatternden Aufschlägerkörper. „Nur nicht verschlagen, sonst werde ich ausgewechselt!“ Flatternde Nerven führen nicht zwangsläufig zu gelungenen Flatteraufschlägen!

Über das Geheimnis des Flatteraufschlags ist viel diskutiert worden. Tatsache ist, daß der aufgeschlagene Ball in der zweiten Hälfte der Flugphase plötzlich von seiner anfänglichen Bahn abzuweichen beginnt, wenn er mit schnellem Armzug und fester Hand so auf die Reise geschickt wurde, daß er mit hohem Tempo und rotationsfrei durch die Luft schwebte. Der hohe Zeitaufwand für das Erlernen dieser Aufschlagtechnik sollte nicht verschrecken. Dieser Aufwand wird durch das dumme Gesicht von Annehmern, die das Ei todsicher auf der Pfanne erwarteten, um demselben dann plötzlich fragend nachzublicken, mehr als gerechtfertigt. Tief im Volleyball-Wahnsinn wurzeln jedoch die Erklärungsversuche bezüglich des Flattereffekts:

Die These, daß die Gummiblase innerhalb des fliegenden Leders zu vibrieren beginne und dadurch die Flugbahn destabilisiere, ist weitgehend verworfen. Derzeit glauben die Volley-Ballistiker, daß ein ohne Rotation fliegender Ball ein Luftpolster vor sich herschiebe, an dem vorbei die Murmel aus ihrer Bahn ausbrechen wolle. Alles Quatsch! Wer in seiner Jugend „Perry Rhodan“ gelesen hat, weiß, daß Aufschlagspezialisten Mutanten sind. Telekinese!! Kraft taktischen Genies und psycho-moralischer Energie zwingt der Aufschläger den Ball, an der Annehmerpfanne vorbeizuflattern. Der Siegeswille macht übersinnliche Kräfte frei. Technisch ballern – schön und gut. Gerade beim Aufschlag aber zeigt sich, daß es mit Kraft und Technik allein nicht getan ist.

Volleyballer stellen ungläubig fest, daß die Gegner nicht gleich vor Ehrfurcht erstarren, bloß weil man ein bißchen Athletik und Technik trainiert hat. Volleyballer sind verzweifelt: Es muß doch möglich sein, diesem verdammten Ei den menschlichen Willen aufzuzwingen! Und es muß doch auch möglich sein, diesen verdammten Gegnern das Ei aufzuzwingen – am besten auf die Rübe und gleich ein paar Mal hintereinander! Volleyballer wollen siegen. Derart herausgefordert, werden Volleyballer kreativ. Enorm kreativ. Volleyballer wollen kreativ ballern. Volleyballer wollen taktisch ballern!

Spielverständnis, Blick für die Situation, Risikoeinschätzung, Entscheidungsfreude, Raffinesse – neben Technik und Athletik kommt nun auch das Hirn ins Spiel. Gefragt sind Muskeltechniker mit Volleyballverstand! So mancher Spieler aber schwitzt erst richtig, wenn der Trainer statt von Medizin bällen auf einmal von Verstand und Taktik zu sprechen beginnt! Leider nützt es nichts, wenn in einem Team nur einer taktisch fit ist, während die fünf Kumpels achselzukkend im Feld herumstehen. Selbst eine perfekte Stammsechs ist kein Garant für Erfolge, wenn der Coach neben sich auf der Bank sonst nur Taktikchaoten hat!

Volleyballtrainer müßten also versuchen, bei allen Spielern des Kaders die Entwicklung taktischer Fähigkeiten zu fördern. Dieser grausame Prozeß heißt in der Fachsprache „Taktiktraining“! Allabendliche Tragik der Taktikdidaktik!

Hat der Volleyball-Wahnsinn ein System? Was empfinden Volleyballer, die grundsätzlich gerne taktisch ballern wollen, wenn sie tatsächlich taktisch ballern sollen?

Annahme im Zweier-, Dreier-, Vierer- oder Fünferriegel. Mit oder ohne Läufer. Höhe und Geschwindigkeit des Zuspiels. Angriffskombinationen. Nahsicherung und Fernsicherung. Stellungsspiel in der Abwehr. Linie offen oder zu. Block geschlossen oder löchrig. Block hoch oder zu niedrig?! Überhaupt blocken oder einfach den Kopf einziehen?? Solche Probleme, die den gesamten Haufen betreffen, heißen „Mannschaftstaktik“!

Für ihre mannschaftstaktischen Anweisungen benutzen Trainer von Welt optische Hilfsmittel. Eine echte Taktik-Show kann nur mit Tafel oder Magnetwand abgezogen

Volleyballer wollen taktisch ballern

STOP
1,43
STOP
STOP

werden! Mit Pfeilen, Kreisen und Schraffierungen werden die Taktik-Träume wenigstens auf dem Modell-Spielfeld Wirklichkeit. Mannschaftstaktik total! Jede erdenkliche Spielsituation wird in allen sechs Rotationen theoretisch durchgespielt.
Aber wollen Volleyballer wirklich noch taktisch ballern, wenn sie derart gegängelt taktisch ballern sollen? Volleyballer nehmen an Taktikshow-Mannschaftsbesprechungen mit höchst unterschiedlichen Gefühlen teil. Bei einigen fällt tatsächlich der Groschen. Endlich begreifen sie, warum sie im Hinterfeld immer über ihren Kumpel stolpern und welcher Angreifer beim Kombinations-Wirrwarr Vorfahrt hat. Rhetorisch begabtere Mitglieder des Kaders provozieren vor versammelter Mannschaft die offene Taktik-Diskussion mit dem Trainer! „Könnten wir nicht genauso gut . . .“ oder „Wäre es nicht besser, wenn . . .“ sind Einleitungen, die den Trainer verzweifelt überlegen lassen, welche Lösung in seinem Buch über kollegialen oder autoritären Führungsstil für solche Situationen empfohlen wird. Da es aber keine Patentrezepte für Volleyballtaktik gibt, gibt es auch keine zur Beendigung von Taktikdiskussionen. Der Trainer wird also aus der Diskussion entweder als autoritärer Argumentabwürger, als hohler Taktikquacksalber oder als wachsweiche Wetterfahne hervorgehen. Irgendwie wird die Taktikshow in jedem Fall an Glaubwürdigkeit verloren haben!

Kismet! Jeder Ball geplant, durch- und einkalkuliert! Ein mannschaftstaktisches Korsett, das einem jede Luft zum Atmen nimmt! Programmierter Erfolg – aber wo bleibt der Spaß?
Zum Glück gibt es ja noch die individuelle Taktik! Wenn man im Annahmeriegel steht und sich überlegt, ob man den Ball weich oder hart an die Decke baggern soll, oder wenn sich der Angreifer im Sprung vor das Problem gestellt sieht, ob er die Murmel rechts, links oder hinten ins Aus dreschen soll, so sind dies individuelltaktische Entscheidungen. Individuelle Taktik! Allein schon der Gedanke daran lädt zum Träumen ein . . .

Eigener Aufschlag

Der Aufschläger wiegt den Ball in seinen Händen und überlegt: „Eigentlich ein stinknormaler Aufschlag. Kein Spielball und kein Satzball. Aber die Straftarife an die Mannschaftskasse sind hoch genug. Wieviel Geld habe ich dabei? Fünf Mark. Reicht mit Ach und Krach gerade noch für eine Radlermaß hinterher. Ach was! Risiko, volle Kanne! Aber . . . mache ich einen Tennis-, einen Flatter- oder einen Hakenaufschlag? Nach vorne oder hinten? Rechts oder links? Oder gar gezielt?“ Der Aufschlagtaktiker wird unruhig, denn die fünf Sekunden seit dem Anpfiff sind fast abgelaufen, und er kann und kann sich nicht entscheiden. Aber

in diesen bangen Sekunden ist er zum Glück nicht allein!
Alle fünf Kumpels schauen ihm teilnahmsvoll zu. Die drei am Netz drücken ihm dabei sogar die Daumen, weil sie nicht getroffen werden wollen! Inzwischen zeigt der gegnerische Zuspieler seinen in der Annahme lauernden Angreifern als nächsten Spielzug ein Kreuz an. Die Lauerer beachten ihn vor lauter Lauern gar nicht. Der Zuspieler brüllt sie an und zeigt ihnen nochmals das heimliche Zeichen für „Kreuz“. Die Lauerer haben das Zeichen vergessen und brüllen zurück, was das soll?! Der Zuspieler brüllt „Kreuz!“, die anderen nicken, und jetzt verstehen sie sich endlich. Für die fünf Aufschlägerkumpels ist dies alles im Moment natürlich nebensächlich. Sie zittern mit ihrem Freund, dem Aufschlagtaktiker.
Der hat sich in letzter Sekunde dafür entschieden, daß eine Radlermaß wichtiger ist als ein zweifelhaftes Aufschlag-As. Mit technisch perfektem Aufschlag von unten schickt er den Ball auf seine sanfte Reise über das Netz. Fünf Freunde klatschen erleichtert Beifall, während sich die gegnerischen Ritter bereits auf dem Kreuzzug befinden . . .

Annahme des gegnerischen Aufschlags

Annahme – das heißt, daß sich die Angreifer ärgern, weil sie gerade danebengeknüppelt haben, aber sich tierisch freuen, weil sie gleich wieder knüppeln dürfen!
Statistisch gesehen landen 80% aller Aufschläge etwa in der Mitte der Spielfeldhälfte. Außenannehmer, meist Netzspieler und damit Knüppel-Dürfer, kennen die Statistik und fühlen sich deshalb für die Annahme nicht zuständig. Ihnen ist in diesen Sekunden viel wichtiger, ihrem Zuspieler mit energischem Blick klarzumachen, wer den nächsten Paß zu erhalten hat. Zentrumsannehmer wissen, daß sie schlechte Karten haben! Die Gefahr ist groß, Opfer eines Flattermannes zu werden, aber gelobt werden nach einem guten Spielzug nur der Angreifer und manchmal auch der Zuspieler. Zentrumsannehmer sind deshalb eiskalte individuelle Taktiker. Da die eigene Mannschaft nur durch Rückeroberung des Aufschlagrechts weiterrotieren kann, so daß man vom Statisten wieder zum Knüppler wird, muß zwangsläufig eine halbwegs passable Annahme her. U n d: die Annahme ist die einzige Situation, wo man als Angreifer auch einmal den Zuspieler blöd in der Luft strampeln lassen kann und nicht immer nur umgekehrt! Erste Bälle sind in der Praxis also meistens ein individualtaktischer Kompromiß. Sie werden so gespielt, daß der Zuspieler möglichst viel ins Schwitzen kommt, daß aber dennoch noch irgendwie geknüppelt werden kann.

Zuspiel und Angriff

Zuspieler im Volleyball sind etwas Ähnliches wie Torwart oder Linksaußen beim Handball: Spinner, aber man braucht sie! Ohne verrückte und zugleich geniale Zuspieler gäbe es keinen Volleyball-Wahnsinn. Zuspieler, echte Spielmacher sind gefragt – und nicht biedere Steller! Zuspieler sind Künstler, Steller sind Handwerker. Woher stammt überhaupt das idiotische Wort „stellen"? Vermutlich als Kurzfassung für: „Die eigenen Angreifer vor Probleme stellen!" Oder: „Wer sich dumm anstellt, kann nie begnadeter Zuspieler sein!"

Zuspieler treffen nie die spektakulärste Entscheidung, sondern die erfolgversprechendste. Zuspieler bedienen nie den am gierigsten brüllenden Angreifer, sondern den, den sie blockfrei spielen können. Zuspieler registrieren gleichzeitig den auf sie zufliegenden ersten Ball, das Anlauf-Timing der eigenen Angreifer und das nervöse Gezappele der gegnerischen Blockspieler. Innerhalb von Hundertstelsekunden trifft das phantastische Zuspielerhirn die Entscheidung – goldene Finger führen sie aus und pritschen die Murmel zum auserwählten Angreifer. Phantastische Zuspieler kennen keinen Streß, denn sie ziehen die guten ersten Bälle geradezu magnetisch an! Etwa so steht es wohl im Lehrbuch . . .

Nach einem liebevollen Blick auf den Annehmer kämpft sich der Zuspieler zum ersten Ball durch. Er schiebt herumlungernde Riegel-Mitglieder und umherirrende Angreifer aus dem Weg, springt und erreicht das Leder hoch über der Netzkante gerade noch vor den monströsen gegnerischen Blockpranken. In dieser unverkrampften Stellung gilt es, in aller Ruhe die optimale Entscheidung zu treffen. Schuß, Paß, Aufsteiger, Kurzschuß oder hinten ruhend? Staffel oder Kreuz? Rückraumangriff – oder will mich einer umlaufen? Alles Ausgemachte ist vergessen, jetzt heißt es improvisieren! „Bin ich momentan eigentlich Läufer?" Auf der IV schreit einer gebieterisch „Schuß!", aber der Blödmann hat zuvor gerade einen Traumpaß versiebt. Vom Dreier nichts zu sehen. „Bei einem echten Aufsteiger müßte der doch schon längst über mir in der Luft hängen!" Das Ei jetzt noch nach hinten zu zaubern, wäre technisch pervers. Und vermutlich springt da hinten im Moment ohnehin keiner rum. „Haben die anderen eigentlich einen Zwerg vorne?" In dieser ausweglosen Situation führt der zum Steller gewordene Zuspieler ein Gottesurteil herbei – er schließt die Augen und pritscht irgendwie in Richtung Netz!

Unabhängig von Spielsystemen und Zuspielerqualitäten ist die Wahrscheinlichkeit recht groß, daß jeder Angreifer ab und zu eine Wuchtgelegenheit erhält. Genau hier beginnt die individuelle Taktik des Angreifers. Da muß man hochsteigen und zupak-

ken! Die Entscheidung zwischen Frontalangriff oder Lob, Dreh- oder Hakenschlag, Handgelenkspeitsche oder Dampfhammer bleibt dem individuellen Killerinstinkt überlassen. Hauptsache: Finger bluten, Brillen fliegen, Gegenspielern bleibt nach Blattschüssen die Luft weg! Volleyball total. I like smashing! Leichte Irritationen können allerdings auftreten, wenn plötzlich wie aus dem Nichts ein paar Blockgriffel auftauchten.
„Ha, nur ein Einerblock! Jetzt explodieren! Volle Kanne rechts vorbei! Aber – wieso auf einmal zwei andere Hände? Und noch zwei? Mist, das Loch wird kleiner und kleiner. Abdrücken, bevor es zu spät ist! Durch diese hohle Gasse muß er kommen!"
In Gorilla-Kreisen gefürchtet ist der sogenannte Bumm-Bumm-Effekt, der sich aus Blockgeräusch und Granateneinschlag vor den eigenen Füßen zusammensetzt. Aus Angst davor leiden Angreifer an Block-Phobie und werden oft im ungünstigsten Moment von Block-Fata-Morganas befallen. Sie könnten freistehend dreschen, aber sie sehen vor sich eine Wand aus sechs Händen, die gar nicht existiert. In letzter Not entscheiden sie sich für „Anschlagen", um ein „Touche" herauszuschinden. Sie zielen Richtung Basketballkorb oder Tribüne, um die imaginäre äußerste Fingerspitze des Außenblockers zu treffen.
Die stehengebliebenen gegnerischen Blockspieler sowie der eigene Zuspieler schauen der Rakete, die beinahe den Schiedsrichter vom Kasten holt, fassungslos nach. Angreifer ballern manchmal wahnsinnig taktisch und unheimlich individuell!

Blockarbeit und Feldabwehr

Solange der Gegner aufbaut, also mit dem „ersten" und „zweiten" Ball beschäftigt ist, können sich die drei Spieler im Hinterfeld ausruhen. Volleybälle pflegen nach herrschender Meinung erst nach der dritten Ballberührung des Gegners einzuschlagen! Die Hinterspieler stimmen zum Zeitvertreib das uralte bayerische Volkslied an: „Ob er aber über unsern Block, oder aber neben unsern Block, oder aber d u r c h unsern Block schlägt – des is net gwiß!"
Für derlei Späße haben die Netzspieler in diesen entscheidenden Sekunden natürlich keinerlei Zeit.
Der Mittelblocker schaut sich statt dessen nachdenklich seine rechte Hand an – beim Block wurde schon einmal ein Finger gebrochen. Er schaut sich nachdenklich seine linke Hand an – hier hatte er sich beim Blocken schon einmal einen Kapselriß geholt. Und dann schaut er sich, sehr nachdenklich, den zwei Meter großen und einen Meter breiten gegnerischen Hauptangreifer an . . .
Inzwischen grübeln die beiden Außenblokker: „Lösen oder Sichern? Blocken oder Springen? Hoffentlich rammt mich unser Dreier-Trampel nicht wieder gegen den

Netzpfosten!" Der Vierer entschließt sich vorsichtshalber, beim Läufer mitzuspringen. Der Mittelblocker fühlt sich verladen und bleibt erst mal stehen. Der Zweier hat sich noch vor dem gegnerischen Zuspiel auf die Angriffslinie zurückgezogen und wendet dort die allen Asterix-Lesern bekannte Schildkrötentaktik an.

Feldabwehr!! Individuell taktisch richtig wäre es, sich als Abwehrspieler am Rande des sogenannten Blockschattens zu postieren. Der Rand des Blockschattens ist aber im typischen Fall der oben geschilderten Blockarbeit genau 81 Quadratmeter groß. Der Spieler auf der vorgezogenen VI entdeckt gerade noch rechtzeitig einen Reckpfostenschacht im Hallenboden, taucht unter und schließt den Deckel über sich. Alle Verantwortung lastet jetzt auf dem Diagonal-Baggerer auf der V. Man sieht förmlich, wie sie ihn so sehr auf Schultern und Fersen drückt, daß er fast nach hinten fällt! Das gegnerische Tier auf der Vier hat sich hochgewuchtet und steht bis zur Brust über dem Netz. Angreifer und Abwehrspieler sehen das Weiße in den Augen des anderen. Wie im Wilden Westen! Show-Down mit zehn Metern Abstand. Wer zieht zuerst? Der Angreifer ist schneller, er packt die rechte Keule aus und prügelt. Mit einem phantastischen Reflex packt der Abwehrspieler auch die rechte Keule aus – und prügelt zurück! (Unter Blinden ist der Einarmige König! – Alte Volleyballweisheit).

Das Geschoß des einarmigen Diagonalreflektors durchdringt die Hallendecke wie Butter. Es steigt und steigt und findet seinen Platz als neues weißes Sternchen am Firmament. Und vielleicht ist genau das das Ziel von einsamen Abwehrspielern: der neue Stern sollte wenigstens nach dem Namen des Katapult-Baggerers benannt werden! War „Halley" etwa ein Fünfer?

Persönliche Freiheiten trotz des strengen taktischen Korsetts! Der Volleyballer, der gerade von all den Spielsituationen so selig geträumt hat, schreckt jäh hoch. Die Mannschaftsbesprechung um ihn herum ist auf ihrem üblichen Höhepunkt angelangt. Groschenfallenlasser und Rhetorikballer haben im Verlauf der Diskussion den Trainer gefeuert und würfeln gerade aus 999 möglichen Aufstellungssystemen diejenigen aus, mit denen der nächste Spieltag bestritten werden soll. Der Volleyballer schaut seinen würfelnden Kollegen verständnislos zu, schließt die Augen und versinkt wieder in seine eigene Volleyballwelt.

Kinder, die einige Monate lang Volleyball gespielt haben, sind vielleicht noch keine richtigen Volleyballer, aber vermutlich bereits recht hartgesottene Psychovolleyballer. Denn zu diesem Zeitpunkt haben sie schon längst einige interessante Erfahrungen hinter sich. Wenn ein Knirps bei den ersten Pritsch-Übungen von seinem Psychotrainer den fachmännischen Kommentar hört: „Du lernst es eh nie!", wird er vor Enttäuschung hergerissen sein. Vielleicht wird er aber gleich wieder hingerissen sein, wenn er zufällig jemanden fragen hört: „Was, diese Knalltüte trainiert unsere talentierten Knirpse?" Derart hin und her gerissen, reifen Knirpse psychisch rasch heran und sägen nach kurzer Zeit zum ersten Mal in ihrer Laufbahn den Trainer ab.

Volleyballer wollen psychologisch ballern

Einigkeit macht also stark, selbst beim Volleyball. Verblüfft stellen schon Kinder fest, daß sie nicht Einzelsportler, sondern Mitglieder einer menschlichen Gemeinschaft sind. Bis dahin hatten sie ihre Kumpels lediglich danach beurteilt, welche Blödmänner man nicht ausstehen kann und welche man am besten gleich verdreschen sollte. Nun aber wissen sie, daß Psychoterror gegen den Trainer am besten klappt, wenn wirklich alle mitmachen.

Nach Durchlaufen solcher gruppendynamischer Prozesse stehen dann irgendwann die ersten Wettkämpfe gegen echte Gegner auf dem Programm. Die jungen Sportler lernen, daß man, um aufgestellt zu werden, Mitspieler außer Gefecht setzen und beim Trainer gehörig schleimen muß. Daß Teamgeist und Trainerterror somit irgendwo auch ihre natürlichen Grenzen haben. Daß man vor dem Spiel öfter aufs Klo muß als sonst. Und daß man den Gegner mit blöden Sprüchen zu Fehlaufschlägen verleiten kann. All diese Kindheitserfahrungen prägen den Volleyballer für den Rest seines Lebens. Infantilpsychologie wird zu Fatalpsychologie! Für den Leistungssport bedeutet das, daß Formschwankungen, Mannschaftsintrigen und Motivationsprobleme jedem Volleyballer als Schicksal in die Wiege gelegt sind. Psychologisch ballern! Der Volleyball-Wahnsinn!

Es kommt nicht von ungefähr, daß die Sportpsychologie in den vergangenen Jah-

ren an Bedeutung stark zugenommen hat. Das Problem liegt nicht darin, aus Psychovolleyballern wieder normale Menschen zu machen, was ohnehin völlig unmöglich ist! Psychovolleyballer sollen ihrem Wahnsinn freien Lauf lassen können und trotzdem Spiele gewinnen! Standardwerke wie „Wenn sie lieber zocken als blocken . . .“, „Sechs Kaninchen und die gegnerische Schlange“ und „Schlachtrufe zum Mitsingen“ zeigen die unterschiedlichsten Bemühungen der Sportpsychologen, den Trainern konkrete Hilfestellungen zu geben.
Und dem Leser fällt es jetzt wie Schuppen von den Augen! Der Titel „Warum wollen Volleyballer Volleybälle ballern?“ reitet also bewußt auf der Psychomasche herum! Um hilflosen Trainern zu suggerieren, sich mit ein paar Mark die Lösung aller Probleme erkaufen zu können. Logisch! Genauer gesagt: psychologisch!
Werden wir endlich konkret! Volleyballer wollen siegen! Nur über den richtigen Psychoweg ist die Fachwelt noch heillos zerstritten. Es beginnt schon bei der Auswahl des Führungsstils, den ein Trainer der Mannschaft gegenüber anwenden soll. Eignen sich eher die sanften Methoden nach Art von Schleimhold Streichler oder hilft nur die Knute von Sado Peitschenschwinger? Spielt das Gesellschaftssystem eine Rolle? Muß die Kohle stimmen, muß Volleyball Spaß machen oder genügt es, technisch perfekte Taktikathleten zu züchten?
Psychologische Überlegungen dürfen heute in keinem modernen Volleyballbuch mehr fehlen . . .

A) Tiefenmotivation

„Warum wollen Volleyballer Volleybälle ballern?“ – Die Psychovolleyballogie und ihr hier schreibender namhaftester Vertreter stecken – zugegeben – noch mitten im Forschungsstadium. Wir versuchen zwar mit wahnsinnigem Eifer, allerlei Beobachtungen zusammenzutragen, aber viel mehr als ein buntgemischtes Ballerlei kam dabei noch nicht heraus.
Fassen wir zunächst einmal zusammen, was wir bis jetzt von Volleyballern wissen. Volleyballer wollen siegen! Volleyballer wollen wuchten! Volleyballer wollen athletisch, technisch und taktisch ballern! Im Grunde scheinen Volleyballer also viel von dem zu wollen, was Trainerherzen höher schlagen lassen würde.
A b e r: Volleyballer wollen erst mal motiviert werden, dies alles zu wollen!! W a r u m ? Weil es schwierig ist, vom Wuchten zu träumen, wenn schon die Annahme nicht klappt. Weil Volleyballerinas Angst um ihre Fingernägel haben. Weil Minivolleyballer ohne Knieschützer nicht weiterspielen können. Weil Spielertrainer schizophren werden. Weil aus kraftstrotzenden Jünglingen senile Wracks werden, wenn ein 13:5 Vorsprung noch verspielt wird!!

Welche Tiefenmotivation treibt Volleyballer dazu an, den Wahnsinn bewußt in Kauf zu nehmen? Welche animalischen Urinstinkte sind dafür verantwortlich, daß Menschen ins Volleyballnetz getrieben werden?

1. Anmachtrieb:

Im Leben und beim Volleyball geht es bekanntlich immer nur um das eine – die Liebe! Wie bekomme ich am besten Kontakt? Wie imponiere ich am besten? Rugby und rhythmische Gymnastik sind zwei typische Beispiele für Sportarten, die meistens vom jeweiligen Geschlecht allein ausgeübt werden. Hier sieht es mit dem Kontakt im Sportverein relativ schlecht aus! Zwar bewundern Weiblein die männlichen Rugby-Muskeln und verehren Männlein die weibliche Gymnastik-Grazie, doch das nur mit gebührendem Abstand von der Tribüne aus. Männlein und Weiblein würden viel lieber die gleiche Sportart ausüben, um sich von Kind an necken und später dann lieben zu können. Es gibt nur wenige Sportarten, die anbandelfreundlich und trotzdem für Spieler und Spielerinnen auch sportlich reizvoll sind. Volleyball ist die einzige echte Chance!

2. Menschlicher Dickschädel:

Gerade weil es anfangs so aussichtslos erscheint, die Flugkurve der weißen Murmel jemals bewußt bestimmen zu können, wollen sich Patschanfänger nicht unterkriegen lassen! Gerade weil die ersten zwanzig Spiele alle verloren gingen, wollen Mannschaften irgendwann wenigstens einmal einen Satz gewinnen! Gerade weil das Ei immer vor die Füße fällt, will man lernen, die verdammten 81 Quadratmeter abzudekken! Gerade weil der Tabellenführer schier uneinholbar entrückt ist, will man ihn einholen und selbst noch Meister werden. Gerade weil es so unsagbar unwahrscheinlich ist, Weltpokalsieger zu werden, will man den Enkeln erzählen können, es wenigstens versucht zu haben! Im übrigen ist der Dickschädel extrem nützlich, wenn irgendein fremdes Tier freistehend auf den nämlichen wuchtet.

3. Forschergeist:

Menschen haben das Rad, die Glühbirne und den Mikrochip erfunden. Menschen haben Kontinente entdeckt, den Mond betreten und Sonden zu fernen Planeten geschickt. Menschen haben musikalisches, malerisches und bildhauerisches Neuland erobert. Zwar haben Menschen auch die Atombombe konstruiert und gezündet, aber summa summarum haben Menschen doch irgendwie etwas Geniales an sich. Ein bißchen von dieser kreativen inneren Unruhe spürt auch jeder Volleyballer in sich!
Volleyballer wollen die tödliche Aufschlag-

variante erfinden und das perfekte Abwehrsystem entwickeln. Volleyballer wollen Lücken im Regelwerk und Löcher im gegnerischen Block erkennen. Volleyballer wollen den unblockbaren Angriff perfektionieren. Volleyballer wollen eine lebende Gummiwand sein. Volleyballer wollen die sich immer wieder von selbst auffüllende Mannschaftskasse erfinden. Volleyballer wollen die miesesten Sprüche kennenlernen, die man Gegenspielern durch das Netz überhaupt nur zuflüstern kann. Volleyballer wollen den spendabelsten Sponsor anzapfen und den Zuschauerschnitt auf über zwanzig steigern. Mit einem schlichten Satz: Volleyballer wollen kreativ ballern!

4. Latente Spontanmotivation

In jedem Volleyballer, irgendwo zwischen Kleinhirn und drittem Halswirbel, sitzt ein recht leicht erregbares Unterbewußtsein. Ein blöder Kommentar von außen, eine pfiffige Schiri-Entscheidung oder noch besser ein pflaumiges Angepampe durch einen Gegenspieler – solche Kleinigkeiten sind es, die beim Volleyballer eine erstaunliche Reaktion hervorrufen können.
Die Augenbrauen ziehen sich zusammen und die Schlaghand nimmt eine gewisse Vorspannung ein. „Jetzt bitte einen guten ersten Ball und einen Zuspieler, der weiß, wo es lang geht!!“ Das Adrenalin sorgt für zehn Zentimeter mehr Höhe und einige zusätzliche Kilopond an Schlaghärte. „Alien“ ist ein Schoßhündchen und der „Determinator“ ein Waisenknabe im Vergleich zu dem Monster, das sich da in die Luft schraubt. Volleyballer lieben dieses leichte Kitzeln im Nacken und hoffen in jedem Spiel, daß es auftritt. Psychovolleyballogen nennen es „Killerinstinkt“.

B) Streßresistenz

Wenn alle Volleyballer so, wie sie gerne ballern wollten, ungehindert ballern könnten, gäbe es auf der ganzen Welt nur glückliche Volleyballer. Es sind jedoch nie alle Volleyballer gleichzeitig glücklich, sondern immer nur die fünfzig Prozent, die gerade einen Ballwechsel erfolgreich abschließen. Die anderen fünfzig Prozent gehen zurück in die Annahme und versuchen, durch Pfeifen eines Liedchens Herzflattern, Knieschlottern und Aftersausen zu verbergen. Streß!!
Eines der häßlichsten und unpersönlichsten Psychohindernisse ist die Anzeigetafel. In manchen Hallen hängt sie protzig mit elektronischem Schnickschnack irgendwo unter der Decke, andernorts werden von Hand auf dem Anschreibertisch Täfelchen umgeklappt. Die teuflische Wirkung jedoch bleibt dieselbe: die Ziffern, die unbarmherzig in Richtung „15“ marschieren, verzerren sich zu einer grinsenden Fratze! Psychovolleyballogen haben herausgefunden, daß zwi-

schen Spielgeschehen und Anzeigetafel ein d i r e k t e r Zusammenhang besteht!
Denn die Anzeigetafel gibt den Takt an und bestimmt den Rhythmus jedes Volleyballspiels. Je nachdem, auf welcher Seite und in welchem Tempo die Tafel die Punkte voranschreiten läßt, kristallisieren sich Sieger und Verlierer heraus!
Das Eigenleben der Anzeigetafel nimmt aber noch weitaus groteskere Formen an. Manche Anzeigetafeln haben etwas von der Büchse der Pandorra oder den Schläuchen des Aiolus an sich. Aus Anzeigetafeln entfleucht zuweilen, und keiner weiß warum, der sogenannte Serien-Virus. Er breitet sich rasend schnell aus, kriecht in Gehirnzellen und Eingeweide und lähmt schließlich die Psyche. Wenn er sich an einer Mannschaft sattgefressen hat, läßt er von seinem Opfer ab, um sich durch das Netz hindurch sofort auf das andere Team zu stürzen. Dieses Unwesen treibt die kleine Bestie oft mehrmals hintereinander!
Wie anders ist es zu erklären, daß Mannschaften nach einer 11:1 Führung den Satz noch mit 12:15 verlieren können? Daß alle Angreifer plötzlich ins Aus dreschen, obwohl sie sonst traumhaft sicher zementieren? Daß aus heiterem Himmel die Eigenfehlerquote wieder zu steigen beginnt, obwohl der Gegner schon gut verpackt im Sack war?
Die psychovolleyballogische Immunforschung hat gegen den Serien-Virus noch kein wirksames Medikament gefunden. Die Widerstandsfähigkeit von Volleyballern gegen dieses Viech, das in Fachkreisen auch Vorsprungkiller oder Rückstandsakzelerator genannt wird, tendiert gegen Null. In mangelndem Selbstvertrauen findet das Tierchen genauso einen idealen Nährboden wie in Überheblichkeit, Unkonzentriertheit oder fehlender Harmonie zwischen Mitspielern. Und im Grunde genommen ist es sogar genial, denn es pickt sich in jeder Mannschaft mit tödlicher Sicherheit auf Anhieb den effektivsten Angriffspunkt heraus!
Ziel der Immunforscher ist es, Volleyballer streßresistent zu machen. Sie sollen stets so ballern, wie es ihrem wahren Können entspricht, und sich weder von der virenschleudernden Anzeigetafel noch von grölenden Zuschauern oder herabstürzenden Hallendecken beeindrucken lassen. Manche Trainer lassen während des Trainings zwei Stunden lang aus riesigen Lautsprecherboxen ein gellendes feindseliges Pfeifkonzert auf die Spieler eindröhnen, um sie auf das nächste Auswärtsspiel vorzubereiten. Andere verbieten den Blick auf die Anzeigetafel und jeglichen Gedanken an den Spielstand. Nicht wenige Trainer reizen ihre Schützlinge im Training bewußt bis zur Weißglut, um ihnen dann gönnerhaft zu erklären, daß sie sich nicht so leicht ablenken lassen sollten. Helfen tut dies alles letztlich wenig. Der Serienwahnsinn, diese elende Epedemie, die ganze Mannschaften in die Niederlage

treibt, kommt und geht nach Belieben und zerstört alle Hoffnungen.
Andererseits ist beim Stand von 1:14 im fünften Satz der unerschütterliche Glaube an die Existenz des Serienwahnsinns die einzige Hoffnung, die Volleyballern in solchen Momenten überhaupt noch bleibt. Nichts ist unmöglich, und Wunder dauern etwas länger! Vielleicht kippt das Spiel ja doch noch?!
Streßresistenz! Ein geschwollener Fachausdruck für die simple Fähigkeit, so munter drauflos zu ballern, wie einem die Schlaghand gewachsen ist. Was aber tun, wenn man einen Versager in den eigenen Reihen hat? Was tun, wenn es in einer bestimmten Rotationsaufstellung nicht und nicht gelingt, das Aufschlagrecht zurückzuerobern?

C) Coaching

Ein erfahrener Streßmanager muß her! Jemand, der das Panikorchester wieder in Richtung Erfolgskurs dirigiert. Jemand, der weiß, wie athletisch, wie technisch und wie taktisch nun geballert werden muß, um das Spiel noch zu gewinnen! Jemand, der streßmäßig turmhoch über den Dingen steht: ein cooler Coach am Spielfeldrand!
Welches Instrumentarium hat ein Coach an der Hand, um das Spielgeschehen zu beeinflussen? Nach Ausgabe einer bestimmten Taktikparole und Bekanntgabe der Grundaufstellung gibt es pro Satz nur noch folgende Möglichkeiten: sechs Auswechslungen, zwei Auszeiten, – und konstantes Hineinbrüllen ins Spielfeld!
Die Zeiten sind vorbei, als es Volleyballcoaches laut Regelheft noch untersagt war, ihre Spieler außer in den Satzpausen oder während der Auszeiten anzuquatschen. Mit der jetzigen Regelung, daß der Coach sogar dauerquasseln darf, sind doch alle Beteiligten viel glücklicher!
Die Schiedsrichter stört es nicht, solange die Kommentare nicht unflätig werden. Die Spieler freuen sich, wenn wenigstens der Coach Stimmung reinbringt, weil der Gegner allein den geliebten Killerinstinkt oft noch nicht ausreichend aktiviert. Die Auswechselspieler sind voller Hoffnung, denn mit dem Adrenalin-Spiegel des Coachs steigt auch ihre Chance, Volleyball zur Abwechslung einmal aus der Spielfeldperspektive kennenzulernen. Zuschauer finden es aufregend, wenn der Coach brüllt, in sich zusammensinkt, jubelnd aufspringt und ab und zu schreit. Für den Coach selbst verlängert sich schlicht die Lebenserwartung, da ein zweistündiger Ruhepuls von 180 irgendwo ein Ventil braucht.
Unbeeindruckt von den Vorgängen um sich herum, nüchtern kalkulierend, wirft der Coach also durch Intervention beim 2. Schiedsrichter seine Auswechslungen und Auszeiten ins Gefecht. „Hose aus!“, schallt es durch die Halle. „Jacke an!“, muß sich der beflissen herbeistürzende Auswechsel-

spieler anbrüllen lassen, weil der Stammspieler zum Glück weitermachen kann.
Auszeit! Es gibt Untersuchungen und Theorien, wieviele Informationen ein Mensch in dreißig Sekunden überhaupt aufnehmen kann. Insbesondere, wenn ihm gerade eine Pfütze aus den Haaren ins Gesicht läuft. Coaches, die all das, was sie in den vergangenen zehn Minuten vor sich hin gequasselt haben, komprimiert nochmals von sich geben wollen, werden höchstens sechs weitere Pfützen, ansonsten aber Unverständnis ernten. Erfolgscoaches setzen Informationen sehr dosiert und gezielt ein, dann aber als echte Reißer-Tips. Ein aufmunternder Klaps auf die Schultern des Hauptangreifers und die Feststellung „Du, der gegnerische Zuspieler hat vor dem Spiel gesagt, häßlicher als Deine Schwester ist bloß noch Deine Mutter!“ wirkt oft Wunder.
Der Leser wird nun begreifen, daß Volleyballer auch psychologisch ballern wollen! Die Grenzen zwischen Motivation und Streß sind fließend, während zugleich die Psyche zwischen Athletik, Technik und Taktik ihr unberechenbares Spiel treibt. Dies sind die wesentlichen Merkmale des klassischen Volleyball-Wahnsinns.

Der Sog des Volleyball-Wahnsinns

Eine Trainingseinheit

Nach den Einführungskapiteln, einigen tragischen Schicksalen und den üblichen klassischen Volleyballthemen erhält der Leser abschließend Gelegenheit, noch einmal alle Stationen des Wahnsinns zu durchlaufen. Es gilt, einen Bogen zu spannen von einer einzelnen Trainingseinheit bis hin zu einem Leben voller Volleybälle. Es soll gezeigt werden, wie es dazu kommen kann, daß Menschen außer Stroh nichts als weiße Murmeln im Kopf haben!

Wer seine Laufbahn mit 12 Lenzen beginnt, mit 18 ins echte Prügelgeschäft einsteigt und mit 32 die Schlaghand an den berühmten Nagel hängt, hat ungefähr zwanzig aktive Jährchen hinter sich. Bei einer normalen Laufbahn im mittleren Leistungsbereich wird man im langjährigen Schnitt von etwa drei Trainingseinheiten pro Woche ausgehen können. Unterstellt man pro Jahr etwa sechs Wochen an trainingsfreier Zeit, so errechnen sich 2760 Soll-Trainingseinheiten . . .

Mit anderen Worten: ein Volleyballer packt 2760 mal die Sporttasche, fährt 2760 mal zur Halle, gibt etwa 5520 Liter Schweiß ab, tankt 2760 mal insgesamt etwa 5520 Liter nach, fährt 2760 mal zurück nach Hause und packt 2760 mal die stinkende Sporttasche aus!! Sofern keine langwierigen Verletzungspausen auftreten und sofern der innere Schweinehund, der einen 2760 mal lieber vor den Fernseher zerren würde, keine echte Chance hat!

Lassen wir jedoch diese sinnlosen Überlegungen! Schildern wir lieber, was passiert, wenn Volleyballer einen ihrer 2760 Trainingstermine wahrnehmen. Wir tun dies nicht gespickt mit Fachausdrücken aus der Trainingstheorie, sondern ganz vulgärwissenschaftlich im Stil dieses so populärvolleyballerischen Buches!

Demnach bezeichnen wir eine Trainingseinheit als den kleinsten definierbaren Bestandteil des Volleyball-Wahnsinns.

Dieses kleine Mosaiksteinchen ist Teil eines perfekt geplanten Gesamtzusammenhangs. Ein Trainer schaut beim Entwurf einer Trainingseinheit auf seinen Jahresplan, um festzustellen, was er mit dieser speziellen Trainingseinheit erreichen will. Zumindest wird er aufpassen, daß er Kraftbolzperiode und Hauptprügelzeit nicht grob verwechselt, und ferner dem Plan entnehmen, ob an dem betreffenden Abend mehr die Hirne oder mehr die Bodies gedrillt werden sollen. Dann wird er, sofern er mehr Theoretiker

ist, sein Buch „Tausend praktische Volleyballübungen“ aufschlagen, sieben Übungen auf einen Zettel abpinseln und sich zielstrebig auf den Weg zur Halle machen. Der routinierte Praktiker dagegen hat natürlich alle tausend Übungen und noch ein paar mehr im Kopf und vertraut auf seine geniale Intuition, daß ihm die richtige Übung schon zum richtigen Zeitpunkt einfallen wird.
Die erste Trainingseinheit pro Woche ist wie üblich von Streit und Sitzstreik geprägt, die zweite ist ein vom Trainer angeordnetes Straftraining und die dritte entfällt zugunsten einer klärenden Mannschaftsbesprechung. Nach fünfstündiger Diskussion wird in der Sitzung beschlossen, in der folgenden Woche noch einmal einen völlig neuen Anfang zu versuchen . . .
Warum wollen Volleyballer Volleybälle ballern? Um in größtmöglicher Harmonie einige nette Stunden zu verbringen? Um gegen Entrichtung des Vereinsbeitrages billiger als bei Tennis oder Squash auf eine Murmel zu klopfen? Warum hat der innere Schweinehund von Volleyballern in jedem Training wieder seinen großen Auftritt, obwohl doch alle eigentlich gierig wuchten wollen?
Endlich wird aus den Episoden der vorangegangenen Kapitel ein zusammenhängendes Buch! Menschen und Volleybälle. Abend für Abend den Wahnsinn bewußt in Kauf nehmen! In diesem Kapitel wollen wir nun versuchen, Schweißhassern und anderen Nichtvolleyballern zu erklären, wie ein wuchtgeiler Volleyballer die allabendliche Show erlebt. Wie reagiert er auf das so minutiös ausgetüftelte Trainingsprogramm seines Gurus, auf die Verabreichung von Wahnsinn in Häppchen? Es folgen Gedanken zu einem repräsentativen Zweitausendsiebenhundertsechzigstel.

Vorbereitungen

Nach einem harten Arbeitstag endlich zu Hause, fünfzehn Minuten vor Trainingsbeginn. Das Programm ist nun relativ gedrängt: umziehen, ausruhen, aufs Training konzentrieren, Sporttasche packen, mit dem Schatz zu Abend essen und über die Ereignisse des Tages sprechen, sieben Minuten Fahrtzeit zur Halle. Wie üblich reicht es nur zu Packen und Fahren.
Frische Unterwäsche, Handtuch, Socken. Sporthose und Trainingstrikot. Badeschuhe, Shampoo, Fön und Körpercreme. Trainingsanzug. Volleyballschuhe und Knieschützer stinken noch von gestern, kommen aber trotzdem in die Tasche. Bussi, ab zum Auto.
Halt! Kein Tape! Ohne Tape kein Volleyball. Im Spurt zurück! Nochmal Bussi.
Halt! Nichts zu trinken dabei! Mitspieler sind kaltblütig des Mordes fähig, wenn man zu oft bei ihnen schnorrt. Ein drittes Abschiedsbussi. Vergeßlichkeit kann zärtlich sein. Jetzt aber nichts wie ab.

Trainingsbeginn

Die Eifrigen tänzeln schon eine Viertelstunde vorher fix und fertig umgezogen vor der Hallentür. Drinnen liegt das Training einer anderen Gruppe in den letzten Zuckungen. Schwangerschaftsgymnastik oder dergleichen, soweit man durch die offene Tür erkennen kann. Jedenfalls irgendwie unnatürlich, so ohne Netz und Bälle. Das Gedränge beim Kommen und Gehen zur vollen Stunde nutzen einige Kadermitglieder, um im Hechtbagger mit der Sporttasche in der Hand gerade noch rechtzeitig in die Halle zu schweben. So wird aus dem Strich neben ihrem Namen gerade noch ein Häkchen im Notizbuch des Trainers! Timing ist im Volleyball bekanntlich die halbe Miete! Das Netz bauen die selben Idioten wie immer auf, der Trainer hält eine kurze Rede über Pünktlichkeit und den heutigen Trainingsinhalt, und dann geht die Show endlich ab.

Betriebsbereitschaft

Zur Zeit ist „Stretching“ in! Isometrische Vorspannung und dann passive Dehnung von Muskelpartien. Früher hat man vor jedem Training zwanzig Minuten Fußball gekickt und war dann tierisch heiß auf Volleyball. Das Aufwärmen im Leistungssport unserer Tage ist wissenschaftlich durchdachter. Stretching lädt die vorglühenden Athleten verdammt dazu ein, ein geselliges Pläuschchen zu halten, wenn sie so nebeneinander aufgereiht an der Wand kleben. Der sich hieraus entwickelnde Informationsaustausch (meistens: wer wann wo wen aufgerissen hat) ist wissenschaftlich absolut gewollt und trägt der sozialen Komponente des Volleyballsports Rechnung. Während konservative Trainer weiterhin die gute alte Gymnastik praktizieren, hoffen alle Leistungssportler inbrünstig, daß demnächst irgendein Amerikaner „kicking warm“ als letzten Schrei präsentieren wird.

Deo-Test

Einige der „tausend praktischen Übungen“ führen auch zur Beanspruchung des Herz-/Lungen-Apparates. Der Trainer hat zufällig eine davon erwischt und bringt damit eine erste Belastungsspitze. Er will jetzt Perlen vor die Säue tropfen sehen! Nicht bei allen Spielern versagt jedoch das Deo. Egal, ob sie sich mit oder ohne Ball naß machen sollen. Beim für Volleyball so typischen Einspielen zu zweit finden sich stets die zueinander passenden Pärchen: paarweise Tropfgeile und paarweise Stinkstiefel. Die Stinkstiefel bleiben trotz großer Ächz- und Gestöhne-Show strohtrocken, weil ihr Ball nach jeder Aktion wie zufällig erst mal in die entfernteste Hallenecke fliegt. Die Tropfgeilen dagegen peitschen sich gegenseitig hoch. Normalerweise schaffen sie es, sich in exakt zwölf Minuten genau an den Punkt zu bringen, wo sie tierisch naß und glücklich sind. Meistens unterbrechen Trainer nach zehneinhalb Minuten, um den ganzen Haufen noch ein paar Spurts machen zu lassen. Damit endlich auch die Stinkstiefel zu transpirieren beginnen! Die Stinkstiefel machen jedoch auch die Spurts nur mit halber Kraft, die Tropfgeilen fühlen sich irgendwie um den Höhepunkt betrogen, und so nimmt das Training seinen Lauf.

Einleitungsteil

Je nach geplantem Schwerpunkt im anschließenden Hauptteil folgen nun Einschlagen, sofern Angriffstraining angesagt ist, Baggerübungen, falls die Feldabwehr im Mittelpunkt steht, und so weiter und so fort. Manche Trainer erlauben ihren Spielern jedoch nicht, wenigstens ein paar anfängliche Bälle in ein leeres Feld zu hämmern! In ihrem Drang nach Praxisnähe verbinden sie bereits das Einschlagen mit Annahme und Doppelblock. Nach den ersten drei Versuchen breitet sich bei den verhinderten Tieren tiefer Frust aus. Es kommt massenweise zu inneren Kündigungen für den heutigen Abend. Die Angreifer beschimpfen ihre Zuspieler, Angreifer und Zuspieler hassen die Blockspieler. Im Wechsel wird jeder auch Blockspieler und setzt dann alles daran, wenigstens auch den anderen die Angriffs-Show zu vermasseln. Stimmung!

Hauptteil

Es folgt die Krönung. Keiner wundert sich, daß der heutige Hauptteil weder mit Annahme, noch mit Zuspiel, Angriff oder Doppelblock etwas zu tun hat. In der tiefen Überzeugung, seine Spieler ausreichend in der Einleitung auf weitere Aufgaben vorbereitet zu haben, bietet der Trainer nun eine jener Übungen an, die nahe am Gipfel des Volleyball-Wahnsinns liegen. Kombiniertes Technik- und Hirntraining! Es gibt da eine Reihe von Übungen, wo der Ball innerhalb einer Spielergruppe sauber im Fluß bleiben soll, obwohl die Spieler körperliche und geistige Zusatzaufgaben meistern müssen. Der Trainer teilt Vierergruppen ein, wobei die letzte nur zu dritt ist, weil es nicht aufgeht. Die folgende Tortur, schlecht aufgewärmt und mit stinkstiefeligen hirnlosen Mitspielern, läuft in der Trainersprache wie folgt ab:
„B pritscht zu A, C macht einen Hechtbagger ohne Ball zu D, D ruft eine Zahl zwischen sieben und elf, B erläuft den selbst gepritschten Ball und schlägt leicht auf D, A macht einen Blocksprung und tauscht Plätze mit D, B baggert den selbst geschlagenen Ball und sein Deo versagt, C muß inzwischen mal auf die Toilette, A und D drehen sich einmal um die eigene Achse (suchen C), B erläuft den selbst gebaggerten Ball, pritscht zu A, und so weiter."
Alle Jungs strengen sich wirklich an, aber

irgendwie verkrampfen sie und stets nach der ersten Ballberührung fällt der Ball bereits zu Boden. Am besten klappt es noch in der Dreiergruppe, denn da ist Position B nicht besetzt. Frostbeulen können vielleicht durch Wärmesalben behandelt werden, seelische Narben jedoch sitzen tiefer.

Ausklang

Ein abschließendes kleines Trainingsspielchen! Alt gegen Jung, Dumm gegen Häßlich, Faul gegen Gefräßig, oder was es sonst noch für Aufteilungsmöglichkeiten innerhalb des Kaders gibt. Selbst Stammsechs gegen Rest macht Spaß, wenn der Trainer unbedingt auf dieser Form besteht. Hauptsache, die Stinkstiefel sind gleichmäßig verteilt! Denn es gibt Volleyballer, die ohne die sonst übliche Wettkampfkulisse von fünf Zuschauern ihren Athletenkörper nicht zu Aktivitäten motivieren können. Die Tropfgeilen aber fliegen, hechten und schmettern im Slalom zwischen den herumstehenden Stinkstiefeln umher, haben mit jeweils einem Gegenspieler um ein Getränk gewettet und sorgen für einen phantastischen Abschluß dieser Trainingseinheit.
Der Trainer lehnt genüßlich am Netzpfosten und staunt, wie er das wieder hingekriegt hat. Und da sogar den einen oder anderen Stinkstiefel, weil die Herumsteherei peinlich wird, ein Energieanfall überrascht, entwikkelt sich ein finale furioso, das die Augen des gerade zur Tür hereinschauenden Abteilungsleiters stolz glänzen läßt. Kurz vor der Entscheidung, wer jeweils ein Getränk gewinnt, beendet der Trainer mit sicherem Gespür für die Situation das heitere Spielchen.
Seine Anweisung, auch am Schluß des Trainings „Stretching" nicht zu vergessen, hören einige sofort aus der Halle entfleuchte Stinkstiefel längst nicht mehr, da sie wenigstens unter der Dusche die ersten sein wollen. Netz und Bälle räumen die selben Idioten wie immer auf, und das sind zufällig die, die auch am fleißigsten getropft haben. Aber sie tun es gern, denn nach einem so tollen Training will niemand streiten. Toll war es, weil trotz aller störenden Übungen jeder mindestens einmal voll zum Wuchten kam.
Warum wollen Volleyballer Volleybälle ballern? Um Abend für Abend den Stinkstiefeln vorzumachen, warum Volleyballer Volleybälle ballern wollen!

Ein ganz normales Spiel

Warum nehmen Volleyballer den Trainingswahnsinn auf sich? Warum pakken sie immer und immer wieder ihre Tasche? Na ja, ganz einfach – weil man halt nicht aufgestellt wird, wenn man nicht regelmäßig das Training besucht!

„Der nächste Gegner ist immer der schwerste!“, hat Sepp Herberger, der alte Fuchs, gesagt, wobei seine Weisheit auch auf Sportarten wie Halma oder Catchen zutreffen würde. Jeder Sportler denkt an seinen nächsten Wettkampf! Vergessen sind chaotische Trainingseinheiten, Krisensitzungen und Straftrainings, Stinkstiefel und Trainingsweltmeister! Vereint durch die Farbe des Trikots, beseelt vom Hauch des Teamgeists, wollen Volleyballer am Spieltag alles in Grund und Boden hauen. Volleyballer wollen siegen – aber bis zum verwandelten Matchball ist es ein weiter Weg.

Noch viel weiter ist der Weg natürlich, wenn es sich um einen Auswärtsspieltag handelt. Es beginnt mit dem Ärger über zu spät am Treffpunkt erscheinende Mitspieler. Es folgt ungläubiges Entsetzen, weil eines der drei eingeplanten Autos am Vorabend kaputtgegangen ist. Also machen sich zwei Wagen mit je sechs durchschnittlich einsneunzig langen Insassen auf die 250 Kilometer weite Reise. Nicht, ohne zwischendurch einmal im Stau gesteckt zu haben und Opfer einer Panne geworden zu sein! Fast unbeeindruckt von dreistündiger Fahrt und einstündiger Suche nach der richtigen Halle schälen sich die zerknitterten Gestalten aus ihren Blechdosen, schimpfen bei der Hallenbesichtigung über Bodenbelag und Dekkenhöhe, fluchen über das Kaltwassergerinsel in den Duschräumen und beschließen, den Gegner für all diese Zumutungen fürchterlich zu bestrafen.

Aber auch für die Heimmannschaft ist der Weg bis zum verwandelten Matchball langwierig. Die Halle war am Vorabend als Faschingsballsaal genutzt worden, so daß die eintrudelnden Heimspieler erst mal eine knietiefe Suppe aus Bier und Konfetti vorfinden. Technisch versierte Volleyballer können selbstverständlich auch mit Schrubber und Putzlumpen umgehen! Einige Zuschauer und die gerade eintreffenden Gegner wundern sich über die neuen Aufwärmmethoden, als sie die nach getaner Arbeit erschöpft am Boden liegenden heimischen Helden sehen. Die Gäste kritisieren lautstark den merkwürdigen Glanz und die mangelnde Griffigkeit des Bodens. In den Bäuchen der Heimmannschaft staut sich eine Wut auf, die nur durch gnadenloses Wuchten abreagiert werden kann. Alle sehnen den Anpfiff herbei!

Vergessen sind Anfahrts- und Putzwahnsinn. Noch 45 Minuten bis zum Spielbeginn. Mit leichter Laufarbeit stellen beide Teams jeweils in ihrer Hälfte ihre einheitlichen Superglanz-Sponsorprotzanzüge zur Schau. Kurz darauf beginnt die modische Polyäthylenverschalung bereits zu kratzen und verschwindet deshalb in den Sporttaschen. Stretching, ein paar Spurts, dann ran an die Bälle! An Spieltagen sieht man kaum Unterschiede zwischen Stinkstiefeln und Tropfgeilen. Alle tropfen, alle brennen! Noch ist jeder voller Hoffnung, denn der Trainer wird die Anfangsaufstellung wie üblich erst kurz vor dem Anpfiff bekanntgeben . . .

Einer der wirklich wenigen ausgesprochen miesen Jobs im Volleyballsport ist der des Spielführers. Mitten in der Einspielphase pfeift einer der Schiedsrichter die beiden Käpt'ns zu sich, um Aufschlagrecht und Seitenwahl auszulosen. Nicht nur, daß dem Spielführer diese Minuten von der eigenen Vorglühzeit abgehen – die Mannschaften bedecken ihre Käpt'ns auch noch grundsätzlich mit Schimpf und Schande! Denn irgendwie haben sie es natürlich immer falsch gemacht. Zuerst in der Annahme – oder die schlechtere Hälfte!

Die Spielführer stellen sich in die Reihe zu ihren Kumpels, die schon mit dem Einschlagen beschäftigt sind. Gerade, als bei den Leithammeln nach der dritten oder vierten Keule auch so etwas wie Gefühl aufzukeimen beginnt, pfeifen die Schiris die Käpt'ns wieder zu sich. Der Spielberichtsbogen mit der Spielerliste muß unterschrieben werden! Die Spielführer wollen spontan von ihrem Amt zurücktreten, denn sie erinnern sich daran, daß sie im Spiel auch noch die Ehre haben werden, sich als einzige mit den Schiris herumärgern zu dürfen!

Doch dann werfen sie einen Blick auf den tollen Prestige-Strich unter ihrer Trikotnummer und gehen mit stolzgeschwellter Brust zurück zu den Kumpels, die schon beim Aufsteiger-Zementieren sind.

Einschlagen! Ohne Block wuchten! Unbedrängt dem unbedrängten Zuspieler die Murmel hinpritschen, einen Paß möglichst senkrecht über der Netzkante erhalten und dann spektakulär nach unten dreschen! Diese Minuten des donnernden Imponiergehabes sind jedes Mal herrlich im sonst eher tristen Volleyball-Wahnsinn. Wer da ins Netz oder ins Aus haut, kann sein Image nur dadurch retten, daß er prüfend am Netz hochgreift und mit gönnerhafter Miene dessen richtige Höhe anzweifelt.

Ein Pfiff zerreißt die Luft! Schon Anpfiff? Oder müssen die Spielführer schon wieder ran? Nein. Ende der Einschlagzeit. Aufschläge von der Grundlinie. Mit Probe-Flattermännern Gefühl und Konzentration für gefährliche Aufschläge herstellen! Potentielle Annahme-Chaoten, aber auch die ausgesprochenen Bagger-Freaks in beiden Teams stellen sich für einige Bälle aufs Feld.

Im Grunde sind diese Minuten jedoch nur Pausenfüller. Nach dem Einschlagen wollen Volleyballer, daß es endlich losgeht!
Begrüßung! Ein scheinheiliges Getue. Beide Teams haben sich zu diesem Zeitpunkt schon längst eine klare Meinung voneinander gebildet! Team A besteht aus blinden unsportlichen Knüpplern, weil beim Einschlagen einem dieser Knüppler ein Cross-Angriff mitten in die Warteschlange gelungen ist. Die Typen von Team B dagegen sind arrogante Schleim-Schnösel, weil sie dieses Image ohnehin seit Jahren haben! Beide Haufen bilden jeweils an der Grundlinie einen engen Kreis. Die Trainer stehen mitten drin, nennen die Aufstellungen und geben letzte Anweisungen. Bei sechs Spielern in jedem Kreis entspannt sich der Gesichtsausdruck zu einem gierigen, Siegeswillen verratenden Grinsen! Dem jeweiligen Rest fällt das Kinn auf die Brust. Doch zumindest nach außen machen die Kreise einen geschlossenen Eindruck. Die Spielführer animieren ihren jeweiligen Haufen zu einem urigen Kampfschrei, die Mannschaften nehmen ihre Anfangsaufstellungen ein, der 2. Schiedsrichter diktiert dem Anschreiber die Rotationsreihenfolge.
Der Anpfiff steht unmittelbar bevor. Anpfiff zu einem Volleyballspiel. Es gibt kein Unentschieden, und wie lange das Match dauern wird, weiß allein der liebe Gott! Sofern er sich für Volleyball interessiert.

Erster Satz

Heimvorteil bedeutet, daß es der Käpt'n bei der Auslosung schafft, den Gegner in diejenige Hälfte zu stellen, wo erfahrungsgemäß um diese Uhrzeit die Sonne gnadenlos durch die Hallenfenster blendet. In der dramatischen Anfangsphase dieses Spiels starren die Gäste also mit verkrampftem Blick Richtung Netzkante, ob aus dem grellen Nichts ab und zu eine weiße Murmel auftaucht. Viel sinnlose Konzentration vergeuden sie dadurch, denn in ihrer Euphorie über den siegbringenden Heimvorteil verschlagen die Hausherren zunächst jeden Aufschlag! Endlich wandert die Sonne weiter.
Die Gäste stolpern vor lauter Aufregung darüber, daß jetzt die echte Knüppelei beginnen kann, tollpatschig in die zweite Falle dieser Halle. Gewohnt, relativ hohe Annahmen und Abwehrbälle zu spielen, jagen sie nun die Kugel serienweise gegen die niedrige Decke. Der Gäste-Coach schreit, schimpft und flucht – doch trotz seiner feinfühligen Steuerungsversuche schafft er es nicht, den Satz noch zu retten. Seine Schützlinge beginnen zwar, an der Bagger-Feineinstellung zu arbeiten, verfallen dabei zunächst jedoch ins andere Extrem. Jetzt katapultieren sie die Murmel waagerecht wie Geschosse nach vorn, so daß zwar nicht mehr die Hallendecke, dafür nun aber der eigene Zuspieler gefährdet ist! Mit einem überlebenden, aber irgendwie

frustriert wirkenden Zuspieler, vor allem aber mit einer 6:15-Packung treten die Gäste den Seitenwechsel an.

Zweiter Satz

Beide Coaches versuchen verzweifelt, ihren Teams in den kurzen Augenblicken des Wechsels klarzumachen, daß die Show nun erst richtig losgehen wird. Aber Volleyballer wissen alles. Alles besser als ihr Coach!
Die Sieger des ersten Satzes haben keinerlei Lust, sich nach dem Triumph nun pessimistisches Vorsichtsgequassel anzuhören. Den Verlierern stinkt der blamable Auftakt selbst am meisten. Wozu also das aufpeitschende Coachgequatsche, wenn ohnehin jedem klar ist, daß der Gegner nun in Stücke zerrissen wird?!
Es kommt tatsächlich zu einigen der für das Volleyballspiel so typischen Netzaktionen! Die Gäste mit ihrer brodelnden Wut im Bauch dreschen ein paar Mal weniger in den Block als die Gastgeber, die sehr erstaunt sind, weil sie heute nicht mehr mit ernsthaftem Widerstand gerechnet hatten. Immerhin kracht es jetzt in der Halle, und die siebzehn Zuschauer beginnen aufzutauen. Stimmung kriecht auf! Unterstützung für die Heimmannschaft! Die Anfeuerung kommt jedoch zu spät, die Gäste lassen sich den Satz nicht mehr nehmen. 15:11, 1:1. Das Spiel dauert schon vierzig sinnlose Minuten. Sinnlos, weil beide Teams immer noch gleich weit vom Sieg entfernt sind.

Dritter Satz

Die Gäste haben durch den Satzgewinn Lunte gerochen und brauchen weder zusätzliche Motivation noch Warnung vor dem Feinde. Die Gastgeber haben kapiert, daß der Heimvorteil nicht mehr zieht, daß die Karten neu gemischt sind. Alles offen. Eine gute Ausgangssituation für ein echtes Volleyballspiel!
Den besseren Start erwischen wiederum die Gäste. Ihre Aufschläge erzielen mehr Wirkung! Soll heißen, daß der Gastgeber-Zuspieler aus den mittelmäßigen Annahmen nur noch Notlösungen auf die Position IV produzieren kann. Und der dortige Angreifer, nicht gerade ein Reißer, steht dem Bären-Block der Gäste ziemlich machtlos vis-a-vis. „Spielerwechsel!“, schreit da der Gastgeber-Coach – und bringt einen neuen Außenangreifer. Der Neue kommt durch. Endlich eine Rotation weiter!
„Auszeit!“, schreit der Gäste-Coach. Wehret den Anfängen! Eine Volleyballweisheit sagt, daß man als Coach eine Auszeit selten zu früh, aber sehr leicht zu spät nimmt. „Paßt auf die Lobs auf!“, schallt sein warnender Ruf durch die Halle. Der feindliche Schimpanse hat es grinsend gehört und sehnt das Ende der Auszeit herbei. Und tatsächlich: drei übermotivierte Abwehr-

spieler hechten gleichzeitig nach dem fies gelegten Ei! Sie stoßen mit den Köpfen zusammen, und die Gastgeber jubeln.
„Spielerwechsel!“, brüllt der Gäste-Coach. Sein spontan auserwählter Reservist ist von der plötzlichen Berufung total überrascht und verheddert sich vor Aufregung beim Ausziehen der Superprotzanzugshose. Folgerichtig erkennt der 1. Schiedsrichter strafweise auf Auszeit, da der Wechsel viel zu lange dauert. Wütend ruft der Gäste-Coach seine Leute zu sich, während sein Gegenüber mit cooler Handbewegung die Seinen anweist, dreißig Sekunden lang locker auf dem Feld zu tänzeln. Alle in der Halle glauben, daß die Gastgeber unausweichlich auf dem Weg zum Sieg sind!
Alle? Über die Gesichter der Gäste-Sechs huscht ein merkwürdiges Grinsen. Den Sechsen wird auf einmal klar, daß ihr Coach beide Auszeiten verbraucht hat und in diesem Satz keinerlei Chance mehr haben wird, auf sie einzuquasseln! Frei aufspielen! Unbeschwert wuchten! Es folgt ein eindrucksvolles Beispiel des Volleyball-Wahnsinns. Der Coach, der so viel von seinen psychologischen Fähigkeiten hält, hat keinerlei Ahnung von der Tiefenmotivation seiner Spieler. Aber er wird, weise lächelnd, am Ende des Satzes allen erzählen, daß ein guter Psychologe eine Auszeit lieber zu früh als zu spät nimmt.
Jedenfalls brennen die Gäste nun ein wahres Feuerwerk an Volleyball-Spiellaune ab und bringen den Satz mit 15:8 ganz glatt nach Hause. Sie liegen damit souverän mit 2:1 in Führung. Verdient, siegessicher und uneinholbar!

Vierter Satz

Anstatt den Sack zuzumachen, dem Gegner den Gnadenstoß zu geben, werden die Gäste wieder leichtsinnig. Es ist wie bei der Safari: der Jäger will sich strahlend neben dem von ihm erlegten Tiger fotografieren lassen und merkt dabei gar nicht, daß die nur angeschossene Bestie bereits wieder eine Pranke hebt!
Unter dem Jubel ihrer Zuschauer stemmen sich die Gastgeber gegen die drohende Niederlage. „Alles oder Nichts!“ Alles gelingt! Die überraschten Großwildjäger werden zwar von der wieder aufgesprungenen Bestie nicht völlig zerfleischt, doch wie werden sie den überraschenden Verlust des vierten Satzes wegstecken? 15:10 für die Gastgeber, Spielstand 2:2.

Fünfter Satz

Wenn im Fußball ab der 80. Minute oder im Eishockey ab Mitte des letzten Drittels beide Teams keinen Bock auf Sieg mehr haben, werden sie bis zum Abpfiff gekonnt den Rückwärtsgang einlegen. Man könnte nun philosophieren, ob Volleyball noch Volleyball wäre, wenn sich die Spieler ebenfalls mit einem lockeren Unentschieden über die Zeit retten könnten. Volleyball ist anders, Volleyball ist gnadenlos. Mit dem fünften Satz beginnt der „final countdown". Egal, ob er als Tie-Break oder herkömmlich gespielt wird. Wer den fünften Satz gewinnt, ist Sieger.

Anpfiff zum Entscheidungssatz. Volleyballer wollen mit möglichst deutlicher Führung als erste den achten Punkt machen, um mit Siegeszuversicht ein letztes Mal die Seiten wechseln zu können! Volleyballer haben allerdings ein Problem. Auf der anderen Seite stehen auch Volleyballer, die dasselbe wollen!

Vergessen sind die zweieinhalb sinnlosen Stunden, die letztlich nur dazu dienten, die Stimmung für die Schlußphase anzuheizen. Vier sinnlose Sätze. Nur im letzten geht es um den Sieg! Wir hören nun mit bei der Rundfunkübertragung von Harry Heiser, der für seinen Sender „Radio Wahnsinn 2000" live die Schlußminuten dieser Partie kommentiert.

„Na endlich kommt hier Leben in die Bude! 14-beide. Aufschlag für Florian Flattermann. Mal sehen, wie er den wieder rüberzittert. Aber nein – er kommt – er kommt gut! Und ausgerechnet auf den sensiblen Bodo Baggerschwach! Aber Baggerschwach entschärft. Baggerschwach zu Krummfinger, Krummfinger hoch raus zu Kanonen-Charly. Aber was ist das? Kanonen-Charly zeigt Nerven! Oh wei, Kanonen-Charly, kann ich da nur sagen, – das war nur ein Rohrkrepierer!

Satzball. Matchball für den heimischen TSV. Die siebzehn Zuschauer hält es nicht mehr auf ihren Sitzen. Einige wollen schon das Spielfeld stürmen.

Liebe Hörerinnen und Hörer, hier spielen sich unbeschreibliche Szenen ab! Aber ist es denn zu fassen? Flattermann verschlägt! Aufschlagwechsel. Noch einmal eine Chance für die Spielgemeinschaft Sauftal/Übertretlingen. Kuno Cleverauge nimmt den Ball. Psychoterror in der Endphase des Spiels. Cleverauge wartet auf den Pfiff und grinst den nervlich angeschlagenen Flattermann teuflisch an. Halt! Theo Retiker, der TSV-Coach, springt von der Bank auf, erkennt die Gefahr und wechselt Flattermann gegen Kugeltreff aus. Cleverauge bleibt cool und zielt trotzdem auf Kugeltreff. Dem sieht man förmlich an, daß er seine Chance jetzt nutzen will. Kugeltreff bringt einen phantastischen ersten Ball, sein Zuspieler inszeniert eine Kombination und der angespielte Billy Blindfuchs – drischt voll in den Einerblock!

Dieser Blindfuchs! Macht aber nichts, gar nichts, denn Kugeltreff ist ja da. Kugeltreff sichert goldrichtig und bringt die Murmel wieder hoch. Wieder wird Blindfuchs angespielt. Aber sein Schlag ist nur ein Schlägchen, ein harmloses Schlägchen! Die Spielgemeinschaft kann abwehren und aufbauen. Angriff über Kanonen-Charly. Der haut dem

Block auf die Griffel, und der Ball spritzt weit, weit nach außen weg. Kugeltreff spurtet. Kugeltreff spurtet um seinen Stammplatz. Kugeltreff – schafft es nicht. Gleichzeitig mit der Murmel kracht er im Hechtbagger gegen die Hallenwand. Armer Kugeltreff. Hätte ein ganz guter Spieler werden können . . .
Theo Retiker klopft Flattermann auf die Schultern und schickt ihn wieder ins Rennen. 15-beide.
Ein Drama, ein Krimi zeichnet sich hier ab! Cleverauge schlägt auf, hart und diagonal auf Tobi Träumer. Tobi schreckt hoch. Von seiner Birne prallt das Ei direkt zurück ins gegnerische Feld – und fällt dort auf den Boden!! Ja pennen denn die alle?! 15-beide, erneuter Aufschlagwechsel.
Kann der TSV jetzt punkten? Hakenschläger serviert. Werden die Mannen aus Sauftal/Übertretlingen mit ihrem Spielmacher Krummfinger nochmals kontern? Krummfinger entscheidet sich für einen hohen Paß über die IV, will wohl, daß sein dortiger Gorilla über den gegnerischen Zuspieler schlägt, den zwergenhaften Gabriel Größenwahn. Aber – Größenwahn blockt!! Größenwahn wächst über sich selbst hinaus. Alle TSV-ler jubeln mit ihrem Größenwahn. 16:15. Wieder Spielball!
Alles schaut auf den aufschlagenden Hakenschläger. Ja, toll macht er das, der Haki. Volles Rohr auf Baggerschwach! Rettungsaktion! Krummfinger kann gerade noch hoch zum Gegner baggern. Das ist die Siegchance für den TSV! Herrlicher Aufbau zum Zuspieler. Größenwahns Augen funkeln. Zwei Angreifer täuschen eine Kombination an. Schuß auf die IV! Dort hat Tobi Träumer seit Stunden von diesem Augenblick geträumt! Ein letztes Mal schraubt er sich hoch – und da kracht es auch schon fürchterlich! Aus, Aus! Ich meine – drin! Der Ball war drin, das Spiel ist aus! Phantastischer Größenwahn, phantastischer TSV! TSV und Größenwahn – das muß man jetzt in einem Atemzug nennen!
Während ich dies schildere, bahne ich mir einen Weg zum Erfolgs-Coach Retiker. – Na, Theo, uns interessiert jetzt natürlich Ihr Kommentar zum Spiel!
„Wie man sah, hatten wir Sauftal/Übertretlingen jederzeit im Griff. Wenn unser Größenwahn so zum Zug kommt wie heute, sind wir ohnehin unschlagbar. Im übrigen war mir natürlich klar, daß es ein langer Weg bis zum verwandelten Matchball sein würde. Wieder einmal hat sich gezeigt, daß es beim Volleyball einzig und allein darauf ankommt, den allerletzten Punkt zu machen!“
Großartig, Theo! Da spricht der echte Theo Retiker! Treffender kann man Volleyball nicht auf den Punkt bringen. In diesem Sinne verabschiede ich mich von Ihnen, liebe Hörerinnen und Hörer, als Ihr Harry Heiser und gebe zurück in die angeschlossenen Funkhäuser.“

Zwölf weiße Murmeln ziehen vorüber

Jeder von uns wird bei wolkenfreiem nächtlichen Himmel schon häufiger beobachtet haben, daß da oben eine große weiße Murmel zu sehen ist. Nach Art eines intergalaktischen Flatteraufschlags verändert das Ding aus der Sicht des irdischen Betrachters ständig seine Form. Manchmal ist es ein Halbball, manchmal verschwindet es ganz, manchmal ist es ein Vollball. Seit Urzeiten wissen die Menschen, daß nach ungefähr zwölf vollen Ballen auf der Erde alles wieder von vorne anfängt. Der homo volleyballiensis hat gelernt, sich auf diesen Rhythmus einzustellen. Die weiße Murmel bestimmt sein Leben, Jahr für Jahr.

Volleyball ist offenbar mehr als nur das Abspulen einiger Trainingseinheiten und Spiele. Volleyballer denken, wenn sie denken, im Jahresturnus. Die letzte Saison war mies, die neue muß besser werden! Oder: Aufstieg macht am meisten Spaß, wenn man auch durch die neue Liga einfach durchmarschiert! Meistens aber: Warum müssen wir jetzt wieder in den Kraftraum, wenn wir ja doch bloß wieder Neunter werden?

The show must go on! Bekanntlich wollen Volleyballer unbedingt auch psychologisch ballern. „Wir wollen die netteste Mannschaft der Liga sein!“, könnte ein neuer Trainer am 1. April beispielsweise verkünden und hinzufügen: „Wir werden niemals auseinandergehen, auch nicht bei 0:28 Punkten!“ Andere Psychoauftritte wie „Wir müssen, müssen, müssen Meister werden! Aber immer locker bleiben, Jungs!“ oder „Jetzt schauen wir mal, dann sehen wir weiter!“ werden ihre Wirkung ebenfalls nicht verfehlen. Nach der Saison ist vor der Saison, und auch die weiße Murmel ist rund. Ob mit altem oder neuem Trainer, irgendwie ist Volleyballern Ende März klar, daß das Leben vermutlich weitergehen wird.

Anfang April beginnt der ganze Zirkus also von vorne, ein neues Volleyballjahr steht vor der Tür. Zwölf Vollbälle lang rackern und schuften mit dem einzigen Ziel, wenigstens ein paar Mal blockfrei wuchten zu können! Und möglichst ein bißchen brutaler und spektakulärer als in der vergangenen Saison!

Die Einteilung des Volleyballjahres in bestimmte Abschnitte nennt der Diplom-Murmler fachmännisch „Periodisierung“. Der April ist weitgehend identisch mit der sogenannten Übergangsperiode, die Monate Mai bis einschließlich September sind die Zeit der Vorbereitungsperiode und von

Oktober bis März dauert die Wettkampfperiode.
Sinn dieses Buches ist es aber nicht, dem Leser nun mit Makro- und Mikrozyklen die Sinne zu verwirren. Wenden wir uns lieber den viel aufschlußreicheren Aufzeichnungen eines Volleyballers zu, der zwölf weiße Murmeln vorüberziehen ließ und seine Erlebnisse für die Nachwelt festgehalten hat.

April

Ich hatte die Schnauze ziemlich voll. Zum siebten Mal hintereinander waren wir wieder nur Zweiter geworden. Wie üblich am Ende einer Saison taten mir alle Knochen und Gelenke weh, und mindestens die Hälfte der Kumpel im Kader sprach von Vereinswechsel.
Auch mir lag ein attraktives Angebot vor von einem Team, bei dem ich für ein eigenes Trikot nicht einmal hätte bezahlen müssen! Andererseits war dort der Mitgliedsbeitrag um 50 Pfennig höher. Eine schwierige Entscheidung. Ich stand an einem Scheideweg meiner Karriere.
Da war es mir sehr recht, daß der neue Coach etwas von „Übergangsperiode“ faselte und uns erst mal für zwei Wochen in Urlaub schickte. Vierzehn Tage später war mein Luxusbody wieder weitgehend regeneriert. Aber ich litt schwer an Entzugserscheinungen. Meine rechte Hand nahm ständig eine gierige Wölbung ein und der Rumpf verkrampfte wegen der nicht ausgelösten Bogenspannung. Da war mir wieder einmal klar, daß ich ohne Volleyball nicht würde leben können. Die folgenden beiden Wochen waren grauenhaft. Der Trainer sprach von „aktiver Erholung“ und der Integration neuer Spieler. Tatsächlich gab es einige neue Gesichter. Zwei junge Hüpfer aus der Zweiten, sowie zwei Mitgliedsbeitragsminimierer von außerhalb.
Aktive Erholung! Allerlei sportliche Spielchen und Zeitvertreibe – ohne Wuchten! Insgesamt vier Wochen ohne dicke Keule am Netz! Wir sehnten den Mai herbei.

Mai

Es kam der Tag, der kommen mußte – der Tag der Arbeit. Der neue Trainer fand heraus, wo man sich den Schlüssel für den Kraftraum besorgen konnte. Er erzählte etwas von Maximalkraftaufbau, doch viel wichtiger war uns, daß wir nun immerhin während rund fünfzig Prozent der Trainingszeit an die Murmeln durften. Meine Mitspieler waren allerdings schockiert darüber, daß dieses spärliche Training mit Ball nun nicht ausschließlich dem Angriff gewidmet war. Ich als Allroundtechniker litt seit vielen Jahren unter den mangelnden technischen Fähigkeiten meiner Nebenleute, die mich durch ihre Annahmefehler beim Wuchten nicht zum Zug kommen ließen. So gesehen fand ich es durchaus okay, daß der

Trainer uns angehende Muskelprotze nun auch einige Wochen lang mit Technikübungen drillte. Unser Filigranzuspieler maulte zwar, daß sein Ballgefühl wegen der Blasen und Schwielen an den Händen rückläufige Tendenz aufweise, doch brachte ihn der Trainer mit zusätzlichen zehn Kilo auf der Hantel schnell zum Verstummen.
In der Folterkammer schufteten wir nicht für die Wettkampf-, sondern für die Badesaison. Vor meinem geistigen Auge sah ich mich in einem modischen Tanga tiefengebräunt mit Supertechnik beim Strandvolleyball, umringt von hunderten Beifall klatschenden Möchtegernpatschern. Auch ich war also zweifellos etwas ernüchtert, als ich mich Ende Mai plötzlich neben meinen Kumpels auf der Tartanbahn des Sportplatzes wiederfand, um den sogenannten Cooper-Test zu absolvieren. Auch Gary Cooper war ein gut gebauter Muskelprotz, und wir wären mit ihm als Maßstab für unser Trainingsergebnis durchaus einverstanden gewesen. Als wir dann aber auf einmal zwölf Minuten lang rennen sollten, so weit die Füße trugen, dämmerte uns in einem Anflug von Maiandacht, daß der Trainer mit uns einen Ausdauertest durchführen wollte. Das Ergebnis fiel natürlich vernichtend aus.
Nach vier Wochen Training sind Muskeltechniker schließlich keine keniatischen Wunderläufer. Als Parole gab der Trainer nun aus, daß bis zum Saisonbeginn jedes Kadermitglied in zwölf Minuten auf jeden Fall die magische 3000-m-Schallmauer durchbrechen müsse. Der Wonnemonat war vorüber, aber von unserem Ziel, freistehend gnadenlos zu wuchten, schienen wir Lichtjahre entfernt.

Juni/Juli

Unsere Lungen wurden zu Pferdelungen, die Gewichte auf den Hanteln verringerten sich wieder und als schlauer Kopf in Sachen Volleyball wußte ich, daß der Trainer nun versuchte, Kraft und Ausdauer in sogenannte Kraftausdauer umzusetzen. Gleichzeitig begann er, sein taktisches Konzept zu entwickeln, was uns Spielern immerhin ins Gedächtnis zurückrief, daß unsere Sportart neben Laktatwerten auch etwas mit Netz und Spielfeld zu tun hat. Wir sollten nun wesentlich flacher und schneller als früher spielen. Dies akzeptierten wir sofort, denn über unsere vielen Deckenfehler in den auswärtigen Dackelgaragen hatten wir uns immer schon geärgert. Und da das Eintrainieren schnellerer Angriffsformen zwangsläufig etwas mit Wuchten zu tun hat, und das nicht zu knapp, hatte der Trainer uns nun auch psychologisch voll auf seiner Seite.
In dieser Phase stand dann das erste Turnier auf dem Programm. Turniereinladungen in der ansonsten wettkampffreien Sommerzeit! Für Trainer eine phantastische Gelegenheit, erste leistungsmäßige Standortbestimmun-

gen vorzunehmen. Für Spieler eine phantastische Gelegenheit, die Sau rauszulassen! Ich selbst fuhr immer mit gemischten Gefühlen zu solchen Wochenendturnieren. Als positiv empfand ich die Kontakte am Rande des meistens parallel ausgetragenen Damenturniers, das Wuchten und das Fest am Samstagabend. Negativ zu Buche schlugen dagegen das oftmalige qualvolle Warmmachen, die schlaflose Schlafsacknacht auf hartem Hallenboden und meist das Nichterreichen des Endspiels. Und natürlich das ständige Coach-Gequatsche!
Wenn mich in den Sommermonaten also jemand fragte, warum Volleyballer eigentlich Volleybälle ballern wollen, so gab es darauf nur eine einzige Antwort: Mixed-Turniere! Durch Flüsterpropaganda zusammengewürfelte Mannschaften, ganz ohne Trainer oder Coach! Nicht zwei parallele Damen- und Herrenturniere, sondern Männlein und Weiblein in einem Team! Bei strahlendem Sonnenschein und einem vernünftigen Spielmodus à la Lohhof waren Freiluft-Mixed-Turniere zweifellos der Höhepunkt des Volleyballjahres. Unser Trainer, wie übrigens die meisten seiner Kollegen, war zwar regelmäßig stocksauer, wenn wir durch kurzfristige Teilnahme an einem Mixed-Turnier einen seiner Mikrozyklen durcheinanderbrachten, doch stieß er hier zwangsläufig an die Grenzen seiner Macht. Dafür machten wir dann aber bei seinen Übungen wieder artig mit und Ende Juli fühlten wir uns schon ziemlich unschlagbar.

August

Bayern bleibt Bayern! Auch heuer waren die großen Schulferien bei uns wieder auf den August gelegt worden, um unsere schönen Autobahnen für Friesen und andere Südschweden freizuhalten. Auch heuer wieder schloß die hiesige Kommunalverwaltung während der großen Ferien die zur Schule gehörende Sporthalle, wodurch uns Volleyballern sozusagen der Arbeitsplatz entzogen wurde. Was ich damit sagen will: auch heuer wieder bestimmte die Ferienordnung der Bundesländer kaltblütig, daß wir in die Endphase der Vorbereitungsperiode ohne Trainingshalle starten mußten.
Auch heuer wieder machten wir jedoch das Beste daraus und wurden von unserem Trainer für den gesamten Monat August einfach in den Urlaub geschickt. Natürlich nicht, ohne zuvor Hausaufgaben mit auf den Weg bekommen zu haben! Ging es doch im körperlichen Bereich nun schon darum, die für Volleyballer so typische Schnelligkeit und Spritzigkeit aufzubauen! Schnellkraftausdauer als Krönung allen athletischen Ballerns! Ausgerüstet mit Sprungseil und Spickzettel für die richtige Abfolge der Sprintserien flog ich gen Süden. Während des ganzen Fluges dachte ich ausschließlich an den Trainingsbeginn Anfang September und

den Saisonstart Anfang Oktober. Ich sah mich braun und topfit zurückkommen und alle Gegner in Grund und Boden wuchten!
Unglücklicherweise dauerte es eine ganze Woche, bis ich Sprungseil und Spickzettel in meinem Koffer finden konnte. Angesichts dreier geplanter Einheiten pro Woche war ich also schon etwas im Hintertreffen. Und der Strand bestand nicht aus Sand, sondern aus Kieseln, so daß auch meine Maiträume vom Tangastrandvolleyball nicht Wirklichkeit wurden. Das Schlimmste aber war: ich wußte, daß mein innerer Schweinehund hellseherische Fähigkeiten besaß! Und der war sich sicher, daß auch meine Mitspieler bisher noch keinen freiwilligen Schweiß vergossen hatten! Nach einer Woche faulen Sonnenbadens war mein Stammplatz also noch keineswegs gefährdet.
Erst klammheimlich hinter dem Hotel, dann aber rotzfrech in aller Öffentlichkeit packte ich schließlich doch noch das Sprungseil aus. Nach einem Bad im Pool und anschließender Ruhepause auf der Sonnenliege setzte ich mich dekadent-kapitalistisch an die Bar und genoß den momentanen Wettbewerbsvorsprung gegenüber meiner mannschaftsinternen Konkurrenz in vollen Zügen. Denn während ich sonst das ganze Jahr über schuftete und sich die noch studierenden Jungs die Sonne auf den Pelz scheinen ließen, konnte ich nun die monetären Vorteile des Exstudenten-Daseins ausspielen! Die Kumpels erlebten vermutlich gerade an der Autobahn den Anhalter-Blues! Ich persönlich war mit dem August recht zufrieden.

September

Unser Trainer gestand uns später einmal, daß er nach der Urlaubspause schon überrascht gewesen wäre, wenn wir Mehlsäcke uns wenigstens noch an das Aussehen eines Volleyballes hätten erinnern können. So aber war er völlig von den Socken, als sich elf recht austrainierte Wuchtfanatiker zum ersten Training einfanden.
Unsere Fitneß zwang ihn, die Planung für das Trainingslager umzuwerfen. Ins Trainingslager fuhren wir zwar trotzdem wie geplant, was mich im übrigen den Rest meines Jahresurlaubs kostete, doch rückten nun statt zweiundzwanzig Oberschenkeln plötzlich elf Volleyballerhirne in den Mittelpunkt des Trainerinteresses. Angriffs- und Abwehrtaktiken, Feinabstimmung zwischen Mannschaftsteilen, Augen für den Nebenspieler, Kampf um einen Stammplatz! Ein abgelegenes Kaff ohne Nachtleben, aber mit Dreifachhalle! Zweimal täglich spielerische Fortschritte, Streitigkeiten, Lagerkoller! Krisenbesprechung, Wir-Gefühl und Spielführerwahl! Herbstlicher Volleyball-Wahnsinn.
Das erste Training nach dem Lager, wieder in heimatlicher Halle, verlief grandios und erzielte ähnliche Wirkung wie ein Eimer kalten Wassers. Auch ich war zugegebenermaßen davon überzeugt, daß nach so viel

Aufwand das Netz nun kein echtes Hindernis mehr sein konnte. Noch nie jedoch waren 2,43 m so hoch wie an jenem Abend und die jenseitige Spielfeldhälfte so winzig! Die Erkenntnis schmerzte, daß die Murmel den Weg ins Ziel ums Verrecken nicht von selbst fand. Wir waren die Größten, hatten uns semiprofessionell vorbereitet und sollten uns nun in einem stinknormalen Training anstrengen und konzentrieren?! Die weiße Murmel bestrafte unseren Irrglauben bitter, und der siebte von acht Plätzen bei einem mittelschweren Turnier war die Folge. Waren wir plötzlich etwa sogar schlechter als vor der ganzen Schinderei? War unser neues schnelles Spiel am Ende für uns selbst zu schnell?

Für einige meiner Psychomitspieler stand wieder einmal fest, daß Mixed-Turniere im Sommer eben doch der wahre Saisonhöhepunkt eines Volleyballers sind. Unser Trainer jedoch war begeistert. Sein Optimismus („Zum Glück keine unnötige Frühform!“) übertrug sich auf alle und schließlich auch auf mich.

Oktober/November

Saisonbeginn. Es war ein unglaublicher Zufall, daß uns der Spielplan zunächst einige leichtere Gegner präsentierte. Selbst gegen solche stellten wir uns zwar an wie ein Bär beim Tanzen, aber die Punkte brachten wir immerhin unter Dach und Fach. Von Spiel zu Spiel waren sogar rudimentäre Anzeichen einer heimlichen Aufwärtstendenz erkennbar. Reiner Zufall!

Wirklich Zufall? Hatte etwa unser Trainer seine Planspiele auf den Spielplan abgestimmt? Hatte es dieser Teufelskerl etwa bewußt so gesteuert, daß wir gemächlich in Schwung kommen würden, um erst gegen die wirklich harten Brocken voll da zu sein? Unser Spiel wurde schneller und schneller. Wir schoben die Annahmen flach nach vorne, wo sie unser Zuspieler in Blitzangriffe umsetzte. Meter auf der II, Aufsteiger auf der III und ein langsamer Schuß auf die IV – das war inzwischen unser sogenanntes Sicherheitsrepertoire. Bis der gegnerische Aufschläger überhaupt auf seine Abwehrposition eilen konnte, da hatte es dort schon eingeschlagen!

Unsere Siegesserie aber hatte einen Nachteil: die Bank fing an zu murren! Vier Auswechselgorillas und ein Ersatzschimpanse, die alle fünf jedem anderen Team der Liga gut zu Gesicht gestanden hätten. Nur bei uns, dem ungeschlagenen Spitzenreiter, mußten sie zuschauen, und ich persönlich war heilfroh, den Sprung in die Stammsechs geschafft zu haben. Ende November veranstalteten wir die erste Krisensitzung, was Außenstehende angesichts unserer 16:0 Punkte etwas verwunderte. Wir einigten uns auf die Formel, daß auch Auswechselspieler Menschen seien und als solche laut Grundgesetz ebenfalls ein Recht auf Wuchten hätten. Daß sie aber mit der Verwirklichung ihrer Menschenrechte noch ein wenig warten müßten.

Dezember

Ich richtete mich darauf ein, daß auch dieser Volleyballdezember längstens bis etwa zum Zwanzigsten dauern würde. Drei Wochen Vorbereitungszeit bis zum wichtigsten Termin des Jahres: Weihnachtsfeier der Volleyballabteilung! Unglücklicherweise wollte es der Spielplan, daß am Nachmittag jenes wichtigen Samstages das absolute Spitzenspiel gegen unseren härtesten Verfolger auf dem Programm stehen sollte. Während der Trainer Training für Training in die athletotechnische Zauberkiste griff, um uns psychotaktisch auf den Tag X heiß zu machen, feilte unser Zuspieler Training für Training in Gedanken an seiner Nikolaus-Rede und sahen sich einige für die christmas-show auserwählte Angreifer bereits als Engelchen mit Flügelchen flattern.
Wir verloren unser Spitzenspiel unglücklich mit 0:3, was wir hauptsächlich auf die winterlichen Rahmenbedingungen zurückführten. Das Spielfeld selbst war zwar schnee- und eisfrei und auch kein Blizzard fegte durch die Halle, aber der Gegner versalzte uns gehörig die Kombinationen und während der gesamten drei Sätze sprang unser Motor einfach nicht an.
Mein bescheidener Beitrag zur abendlichen Feier, eine satironische Wahnsinnsglosse über die Herren I, wurde dagegen zum vollen Erfolg. Der Rest der Abteilung grölte und wieherte, und auch meine Kumpel machten gute Miene zum bösen Spiel, wenngleich ein derart aktueller Bezug für meine Rede gar nicht geplant war. Die obligatorische Tombola am Ende des Abends brachte uns Nieten nur Nieten. Für die Abteilungskasse aber war der weihnachtliche Losverkauf wie immer ein warmer Regen, und aufgrund des besseren Satzverhältnisses lagen wir immer noch an erster Stelle.

Januar/Februar

In den Saisonendspurt starteten wir erst mal mit einer ordentlichen Krisensitzung. Der Schock der Niederlage saß immer noch tief. Die Krise war da, jeder wußte es. Der Trainer grübelte, wie unser Spiel noch schneller gemacht werden könne. Wir Spieler waren uns einig, daß der Abstieg nur durch hohes Sicherheitsspiel abwendbar sei. In der Zeitung stand, daß unser Verfolger seinen Trainer entlassen hatte. Irgendwie paßte das alles nicht recht zusammen. Die Auswechselspieler aber hatten es immer schon gewußt! Wenn Aufstellungen am Biertisch ausgewürfelt werden, dann kann dabei ja nichts Vernünftiges herauskommen!
Schließlich mischte sich noch unser Abteilungsleiter ein und gab zu bedenken, daß ein Aufstieg in die nächsthöhere Liga jeden

finanziellen Rahmen sprengen würde. Es folgte die Nacht der langen Messer, doch schließlich siegte der Volleyball-Wahnsinn.
Wir einigten uns darauf, es noch einmal miteinander zu versuchen, trainierten ein paar Mal und zeigten dann den Gegnern, was bei uns Krise ist. Krise macht Spaß, solange das Wuchten nicht darunter leidet. Und die beiden von unserem Trainer neu eingebauten Kombinationen machten sogar tierisch Spaß! Als wir nach einigen Siegen auch rechnerisch nicht mehr absteigen konnten, wagten wir es, den Blick erstmals wieder nach vorne zu richten.
Vor uns aber war nichts! Verwirrt blickten wir zurück und stellten fest, daß wir an der Spitze standen. Ein paar kläffende Rehpinscher verfolgten uns erhaben dahintrottende Bernhardiner wie Kletten. Wirklich lästig war aber nur jene Promenadenmischung, die vor Weihnachten mit 3:0 an unseren Stammbaum gepinkelt hatte! Plötzlich wurde uns klar, daß wir eine große Chance auf den Aufstieg besaßen.

März

Die Krise ist tot, es lebe die Krise! Aber ich konnte das Wort „Krisensitzung" nicht mehr ausstehen. Mein Vorschlag, die vierzehntäglichen Panikdiskussionen statt dessen als Problemlösungsdebatten zu bezeichnen, stieß auf begeisterte Zustimmung. Eine Woche vor dem alles entscheidenden Rückspiel gegen die Beschmutzer unserer ursprünglich so weißen Weste war es wieder einmal so weit. Ich wollte den Sekt kaltstellen, aber wir konnten uns nicht über die richtige Temperatur einigen! Die Mannschaft teilte sich in zwei Lager: solche, die die Aufstiegsfeier auf einer Hütte in Österreich abhalten wollten, und solche, die meinten, daß man sich auch im Vereinsheim vollsaugen könne. Mir wurde klar, daß auch der Begriff „Problemlösungsdebatten" für unsere Friseurdialoge völlig ungeeignet war. Denn erstens hatten wir es nicht mit Problemen, sondern schlicht mit Wahnsinn zu tun, und zweitens gab es dafür keine Lösungen.
Der größte Coup unseres Trainers während der gesamten Saison war es wohl, genau in dieser Situation Führungsstärke zu zeigen. Nach dreistündiger Diskussion glaubten ihm auch die letzten Zweifler im Team, daß vor Klärung der Sektfrage erst einmal der Verfolger bezwungen werden mußte. Und mit schriftlicher Einladung und tiefem Kniefall brachte er uns dazu, bei seinen Trainingsübungen mitzumachen. Wir versuchten, uns taktisch genau auf diesen einen Gegner einzustellen. Allerdings war die besagte Promenadenmischung schwierig auszurechnen, bestand sie doch aus fünf linkshändigen Angreifern und einem zwei Meter großen Zuspieler! Wir schauten uns eine Videoaufzeichnung des Hinspiels an. Vieles wurde uns klarer, als wir merkten, daß unsere Blockspieler damals wie Engelchen mit Flü-

5
4
1
3

gelchen am Ball vorbeigehuscht waren und unser Spielmacher während jeder Annahmesituation Verse zitiert hatte. Dieser Gegner war unschlagbar!

Am Tag S (wie „Sekt“) merkten wir aber auch, daß dieser Gegner mit allen Wassern gewaschen war. Die Trainerentlassung war nichts als eine Zeitungsente gewesen, und plötzlich standen uns fünf umfunktionierte Rechtshänder mit einem genialen Zwerg gegenüber. Das Match entwickelte sich zu einem Duell der Giganten! Auf der Tribüne drängelten sich, mitten zwischen all den 47 fachkundigen Zuschauern, hochbezahlte Manager aller Branchen, um sofort nach Spielschluß den Sieger sponsern zu dürfen. Das entspannte Lächeln unseres Abteilungsleiters signalisierte uns, daß wir heute nicht aus finanziellen Gründen absichtlich ins Aus wuchten mußten! Der komplette Vorstand unseres Gesamtvereins (nur teilweise zu den 47 gehörig) war auch anwesend. Viele arbeitslose Volleyballtrainer witterten eine Chance bei unserem aufstrebenden Verein und ließen sich sehen, um gesehen zu werden. Alles in allem waren ungefähr zweihundert Leute in der Halle, und sie wurden zum Saisonabschluß Zeugen unserer stärksten Saisonleistung.

Wir verloren dennoch 2:3, und am Abend dieses letzten entscheidenden Spieltags waren wir zu einer Krisensitzung nicht mehr fähig. Wieder nur Zweiter, jeder ging seiner Wege. Die Manager beschlossen, niemanden zu sponsern, denn sie hatten zwar uns sympathischer gefunden, aber sie wollten keine looser. Die winner brauchten keinen neuen Trainer, und ohne Sponsor interessierte sich für uns auch keiner. Ende März war wieder einmal alles aus.

Daß wir dann dennoch kurz darauf auf einer Hütte eine orgienhafte Aufstiegsfeier inszenieren konnten, erschien allen wie ein Wunder! Tatsache aber war, daß in den Ligen über uns durch Auf- und Abstiege derartige Verschiebungen stattgefunden hatten, daß heuer ausnahmsweise in unserer Liga auch der Zweitplazierte mit nach oben rutschen konnte. Unser Trainer hatte dies natürlich alles so eingeplant. Gönnerhaft erklärte er, daß er mit uns langfristig zusammenarbeiten wolle und daß Volleyballer ab und zu Niederlagen brauchten, um nicht übermütig zu werden.

Für Sekunden waren wir alle davon überzeugt, daß wir diesem Genie alles zu verdanken hatten. Sekunden später jedoch begann sein Heiligenschein wieder zu verblassen, denn wir erzählten uns gegenseitig von dem feeling, ohne Block zu wuchten und welche Kombination in der abgelaufenen Saison am affengeilsten geklappt hatte! W i r waren die Größten! Ich persönlich war davon überzeugt, daß nach sieben mageren Jahren in meiner Karriere nun die sieben fetten kommen würden!

Lebensphilosophie eines Volleyballers

Training für Training, Spiel für Spiel, Jahr für Jahr hechten und hecheln Volleyballer durch ihr Leben. Aber auch die Zeit der aktiven Karriere ist nur ein kleiner Teil des gesamten Volleyballer-Lebens! Der Sog des Volleyball-Wahnsinns zieht immer weitere Kreise.

Der werte Leser, der allen Ausführungen bis hierher noch in etwa folgen konnte, wird der atemberaubenden Logik der Konsequenzen jetzt wahrscheinlich fassungslos gegenüberstehen. Warum wollen Volleyballer Volleybälle ballern? Durch die vorangegangenen Kapitel sollte klar geworden sein, daß weiße Murmel und menschliche Psychologie eine untrennbare Einheit bilden. Aus einem Urinstinkt, dem Drang zum Wuchten, entwickelte sich das Volleyballspiel und schließlich – in Form von Mosaiksteinchen Gegenstand dieses Buchs – der Volleyball-Wahnsinn. Wuchten macht süchtig! Die Psychologie allein hilft dem Außenstehenden aber nicht weiter, die verrückten Knüppler ein bißchen besser zu verstehen. Und die Psychoknüppler bräuchten eine konkrete Hilfestellung, sich in dem Zirkus dieses Lebens zurechtzufinden! Volleyballer haben Angst vor der allerletzten Auszeit, auf die kein Anpfiff mehr erfolgt.

Was bleibt Menschen eigentlich noch auf dieser Welt, wenn aus Altersgründen der Stemmschritt nur noch zu Zerrungen und ein Abwehrversuch zwangsläufig zu einem Hexenschuß führt? Ist alles sinnlos? Ist alles aus?

Zwangsläufig nähern wir uns nun den Wurzeln des gesamten Problems. Volleyballer brauchen nicht nur ein psychologisches, sondern vor allem auch ein philosophisches Fundament! Schon die alten Griechen hatten dies erkannt. Erinnert sei an den Ausspruch „Störe meine Rotationen nicht!“ und die berühmte stoische Ruhe in der Feldabwehr. Am bekanntesten war wohl das Zitat von Sokrates, einem weisen, aber verladenen Mittelblocker: „Oida ouden eidos – ich weiß, daß ich nichts weiß!“ Philosophische Teillösungen helfen heutzutage jedoch nicht mehr weiter. Die moderne Volleyball-Philosophie muß ganzheitlich sein.

Alles, was mit Volleyball zu tun hat und was man hierbei bewußt erleben kann, spielt sich innerhalb des irdischen Daseins des einzelnen Volleyballers ab. Cogito, ergo sum – ich denke, also lebe ich! Solange ich den Volleyball-Wahnsinn noch wahrnehme, hat er mich noch nicht dahingerafft! Das Leben ist hart, aber kurz, und auf jeden Fall ist es zu kostbar, als daß es sinnlos vergeudet werden dürfte. Die Antwort auf die Frage „Warum wollen Volleyballer Volleybälle ballern?“ lautet also: Sie wollen ihrem Leben einen wirklichen Sinn geben!

Klingt es wirklich zu verrückt, den Sinn des Lebens im Volleyballsport zu suchen? Sicher – es gibt traditionellere Ziele im Leben wie zum Beispiel das Streben nach Glück, Reichtum, Macht oder Selbstverwirklichung. Aber all dies wird doch stark relativiert durch das Schlüsselerlebnis des ersten Hämmerns in den Dreimeterraum! Wer sich als Angreifer erstmals den Dreimeterraum untertan gemacht hat oder als Zuspieler zum ersten Mal die gegnerischen Blockspieler ins Leere zappeln ließ, dem eröffnen sich völlig neue Dimensionen.

Es ist ein Gefühl, als ob man innerhalb ein und desselben Sekundenbruchteils per Fallrückzieher in den Winkel getroffen hätte, zum Bundeskanzler gewählt worden und als Buddhist ins Nirwana eingegangen wäre! Es ist ein Völlegefühl voller Glück, sich mit einem einzigen vollkommen volley geballerten Ball so mächtig selbstverwirklicht zu haben! Natürlich entstehen auch animalische Triumphgefühle, wenn man durch einen vernichtenden Atomblock einem gegnerischen Angreifer diese Selbstverwirklichung vermasseln kann. Und es ist wie ein Sieg über die Schwerkraft, wenn es in der Abwehr gelingt, den Anziehungskräften der großen blauen Murmel eins auszuwischen und die scheinbar schon hoffnungslos angezogene weiße Murmel von den Toten wieder auferstehen zu lassen.

Nach Siegen über die Schwerkraft heben Volleyballer ab und schweben im siebten Himmel. Sekunden später schon, nach der nächsten gelungenen Kombination, geht es ab in den achten! Und während Triumphe im normalen Leben fast immer rein egoistisch ausgekostet werden, empfindet der Volleyballer in den Augenblicken des Erfolgs auch zwischenmenschliche Dankbarkeit. Als Angreifer gegenüber dem Zuspieler, als Zuspieler gegenüber dem Annehmer! Alle lieben den Annehmer, diese graue Maus am Anfang der Kette. Wie aber werden Annehmer berühmt? Sind die Annehmer als seelenlose Zuträger vom Sinn des Lebens ausgeschlossen? Nein – denn dafür gibt es beim Volleyball ja die Rotation!

Viel abstraktes Denkvermögen ist sicherlich nötig, um diese Eckpfeiler der Volleyball-Philosophie wirklich zu verstehen. Und zweifellos muß man erst einige Jährchen Erfahrung rund um die weiße Murmel gesammelt haben, bis es gelingt, die Volleyballdreifaltigkeit – bestehend aus Baggern, Pritschen und Schlagen – philosophisch zu durchdringen. Irgendwann aber spüren Volleyballer, daß der Sinn des Daseins nur darin liegen kann, möglichst oft die geschilderten Hundertstelsekunden der Ekstase zu

erleben. Ein Ziel, für das es sich ohne jeden Zweifel zu leben lohnt!
Aber wer sich Ziele setzt, muß planen. Und zwar kurz-, mittel- und langfristig. In welchem Zeitraum will ich ein Ziel erreichen? Welches Ziel setze ich mir nach Erreichen des ersten Ziels? In welcher Liga will ich mich befinden, wenn ich dereinst die Knieschützer bei der Altkleidersammlung abgebe? Wie wird es dann weitergehen? Was kommt danach? Gibt es ein Leben nach dem letzten Angriff? Die Grenzen zwischen wahnsinniger Planung und geplantem Wahnsinn sind fließend.
Je ferner die Zukunft, desto weniger planbar ist sie. Wie im richtigen Leben können auch beim Volleyball unvorhersehbare Ereignisse alle Planungen über den Haufen werfen. Denn grausamer als die Realität ist nur das Leben!
Daß Volleyballer altern, ist ein solches grausames Ereignis, und in Lebensplanungen von Volleyballern ist Altern eigentlich nicht vorgesehen. Die Vorstellung, eines Tages statt elegant zu hechten nur noch schlapp zu plumpsen und statt in der Luft zu explodieren erst gar nicht mehr hochzukommen, ist pervers und unfaßbar! Ein Schnellkraftsport ohne Schnellkraft ist wie Autorennen ohne Auto! Stößt die Lebensplanung des jungen Volleyballers an die Grenzen seiner Vorstellungskraft, wenn er erkennt, daß nach acht oder gar zehn erträumten Aufstiegen in Serie oder neun geplanten Meisterschaften in Folge irgendwann eine Zeit kommen wird, in der brachiales Wuchten nur noch wehmütige Erinnerung ist?
Hier braucht der Volleyballer philosophischen Halt, einen Glauben oder eine Hoffnung, um sich nicht mit dem nächstbesten Strick zu erschießen. Genau diese Hilfestellung wollen wir anbieten! Alternde Volleyballer sind vermutlich nur dann suizidgefährdet, wenn sie Jahr für Jahr gedankenlos vor sich hin wuchten und über das plötzliche Nachlassen der Sprungkraft schockiert sind. Wer sich jedoch der Vergänglichkeit dieser ein-Meter-zwanzig bewußt ist, wird seine Karriere umso genußvoller auskosten und für die Zeit danach schon viele neue Pläne haben.
Man kann jedem Minivolleyballer nur raten, in weiser Voraussicht schon einmal ein Seniorenspiel anzuschauen. Auch wenn es die Zwerge eher belustigen dürfte, den Papa mitten zwischen den anderen Opis zu sehen, so werden doch unvergängliche Erinnerungen haften bleiben! Auch bei den Gruftis fliegt die weiße Murmel noch irgendwie über das Netz! Die Angst vor dem Altwerden wird für immer genommen oder zumindest für viele Jahre verdrängt. Unbekümmerter Leistungssport ist dadurch möglich! Erst etwa ab dem 28. Lebensjahr taucht dann in den Träumen von Volleyballern der murmellose Sensenmann wieder auf.
Da beginnen Volleyballer auf einmal, sich nach dem Mindestalter für die Teilnahme

bei den Senioren zu erkundigen! Eine legitime Frage, aber eine gefährliche Blöße! Jüngere Mitspieler wittern plötzlich eine Chance im Kampf um den Stammplatz. Eine heikle Phase beginnt, denn bis 34 müssen die Endtwens noch versuchen, in der Leistungsmannschaft mitzuhalten! Erst dann sind sie auf einmal wieder die dynamischen Youngster, die den etablierten Grauköpfen Dampf machen! Frisches Blut für die Veteranen!

Von den Senioren I wechselt man eines Tages zu den Senioren II und von denen zu den Senioren III, danach zu den Methusalixen und irgendwann schließlich zu den Gruftis VII. Wer einfach alles auf sich zukommen läßt, kann mit Volleyball sehr alt ausschauen und sogar betagt werden.

Wahrscheinlich sind Erfolge während der Zeit des Leistungssports gar nicht das Hauptziel des Volleyballers. Philosophisch betrachtet hängt das Leben nicht vom Aufstieg in die Liga X ab. Die 24 Jahre zwischen 10 und 34 sind nichts anderes als eine einzige gründliche Vorbereitungsperiode im Hinblick auf das Seniorenalter! Und 24 Jahre sind verdammt wenig Zeit, um sich so viel Auge und Ballgefühl anzueignen, daß es für den Rest des Lebens reicht! Mit zwei Dutzend Jahren Routine auf dem Buckel pfeifen Volleyballer plötzlich auf Sprungkraft.

Etwa ab dem dreißigsten Lebensjahr vollzieht sich im Hirn von Volleyballern eine erstaunliche Veränderung. Das Wuchthormon wird nicht mehr produziert, statt dessen wuchert der für die Logik verantwortliche graue Zellhaufen. Etwa mit 30 erkennen Volleyballer, daß es für jede Aktion grundsätzlich bestenfalls Punkt oder Aufschlagwechsel geben kann. Eine Erkenntnis, die auch all die Jahre zuvor schon einiges erleichtert hätte. Die härteste Granate, die wahnwitzigste Kombination ist auf der Anzeigetafel gerade soviel wert wie das mieseste Ei und der geeiertste Wurf, solange der Schiri danach den Arm in die richtige Richtung streckt! Reifende Volleyballer schließen daraus, daß Schnellkraft nicht alles ist. Sie werden Weltmeister im Block-Anschlagen, vollendete Drive-Spezialisten und ungekrönte Lob-Könige!

Die ungestüme Jugend wird nun milde belächelt. Wuchten mag ja ganz nett sein, aber erst Siege mit Hirn machen den Erfolg doch zum Triumph! Erst mit der Routine des Alters wird Volleyball wirklich interessant. Was haben Oldies nicht alles an Tricks auf Lager! Mit der spiegelglatten Glatze dem gegnerischen Angreifer so die Hallenbeleuchtung in die Augen reflektieren, daß er geblendet verschlägt. Dem gegnerischen Spielführer das falsche Gebiß verstecken, so daß er sich geniert, beim Schiedsrichter zu protestieren. Beim Warmmachen mit Krückstöcken um Mitleid heischen, damit der Schiri sich im Spiel nicht traut, die geschmissenen Bälle abzupfeifen. Senil-Volleyball hat seine eigenen Gesetze!

Oldies sehen den Volleyball-Wahnsinn eben aus einer ganz anderen Warte. Auf das Leben bezogen wird alles relativ. All die erlebten Verrücktheiten wie chaotische Trainings, merkwürdige Spiele und kuriose Meisterschaftsverläufe sind philosophisch gesehen nur Bagatellen. Auf den Volleyballsport als solchen kommt es an! Der Geist muß sich erheben über kleinkarierte Vereinsmeierei! Volleyball hat nichts mit Wahnsinn zu tun. Volleyball ist das Leben. Volleyballer aller Länder, vereinigt Euch! Unsere Welt braucht weiße Murmeln!

Missionare für die Sache des Volleyballsports können in zwei Gruppen eingeteilt werden: solche, die selbst nie am Netz hochgekommen sind, und solche, die in ihrer aktiven Zeit irre Tiere waren. Beide werden gebraucht. Erstere, weil es wie bei Kaninchenzüchtern oder Briefmarkensammlern auch bei Volleyballern Schatzmeister oder Schriftführer geben muß. Letztere, weil sie das missionarische Glühen in den Augen haben! Nur auf diese zweite Gruppe soll hier noch näher eingegangen werden.

Manche Volleyballer spüren, daß sie genügend Sendungsbewußtsein und Charisma haben, um Volleyballmissionar zu sein. Schon während ihrer Zeit als Leistungssportler betätigen sie sich deshalb als Jugendtrainer. Das Sendungsbewußtsein ist bereits so stark ausgeprägt, daß sie es mühelos ertragen, vor dem abendlichen eigenen Training schon zwei Stunden lang eine zwölfköpfige Rasselbande gebändigt zu haben. Zum Heimspieltag bringen sie als persönlichen Fanblock ihre Zwerge mit, die wiederum bewundernd zu ihrem Idol aufschauen. Die Erfolge des missionarischen Jugendtrainers lassen aufhorchen. Da engagiert sich einer! Er wird Jugendauswahltrainer, zugleich aber auch Pressesprecher und Organisationsleiter im Verein. Ein echter Missionar führt seine Mannschaft als Spielführer von ganz unten mindestens bis in die Regionalliga, macht seinen Verein zum bekanntesten in circa hundert Kilometern Umkreis und kann sich dann, wenn er vom Leistungssport zurücktritt, endlich wichtigeren Dingen zuwenden.

Banalitäten wie Familie und Beruf sind damit natürlich nicht gemeint! Für nachhaltig missio-narrische Volleyballer wird die weiße Murmel immer die philosophische Stütze im Leben bleiben. Seniorenspiele und Gruftitrainings werden nach wie vor einen großen Teil der Freizeit beanspruchen. Funktionen wie Abteilungsleiter und Bezirksvorsitzender erfüllen die übrigen freien Stunden mit murmelbezogenem Leben. Und am Wochenende stellen sich Missionare als neutrale Pfeifen zur Verfügung, um als 2. Schiedsrichter eines Zweitligaspiels verträumt am Netzpfosten zu lehnen und den jungen Tieren zuzuschauen.

Der Zehnstundenalltag im Büro ist hartes Management im Kampf für die Sache. Dank seiner volleyballerischen Lebensphilosophie ist der Missionar ein ausgeglichenes, glückliches Arbeitstier, das in der Firma volle Leistung bringt und deshalb ungetadelt nebenbei Trainerwechsel und Sponsorenverträge einfädeln kann. Ziel des Missionars ist es, eines Tages genügend Kohle zu verdienen, um selbst Sponsor sein zu können. Dies alles mit den glühenden Augen eines ehemaligen irren Wuchters. Der Kreis schließt sich mit einem kugelförmigen Grabstein aus strahlendweißem Marmor.

Volleyballer sind nicht wahnsinnig. Volleyballer wollen Volleybälle ballern, möglichst ein Leben lang. Wenn es körperlich selbst auf Grufti-Niveau nicht mehr geht, dann eben in Gedanken, dafür umso intensiver und als Abschluß einer affengeilen Kombination!

Laßt mich zunächst noch einmal festhalten, worum es eigentlich geht. Stellt Euch eine weiße Murmel vor! In vollendeter Kugelform, ideal aufgepumpt, fast neu, wunderbar griffig und aus zartem Leder. Ein Götterball, wie ihn sich jeder Volleyballer erträumt. Wie man ihn in einem Ballwagen voller Gurken plötzlich zu finden hofft. Einer, um den man sich beim Einschlagen reißt. Einer, wie er vielleicht in einem Weltmeisterschaftsfinale als Spielball verwendet wird. Wißt Ihr, was ich meine?

Ich komme jetzt also zur Sache! Mein Name ist Ken Guru. Ich war australischer Nationalspieler und galt als irres Sprungtier. Aber lassen wir die Vergangenheit! Ich bin fest davon überzeugt, der einzige Mensch auf der Welt zu sein, der Volleyball wirklich verstanden hat. Sicher gibt es bereits eine ganze Reihe strahlendweißer Kugelgrabsteine für verdiente Volleyballphilosophen. Aber ich bin anders. Irgendwann mußte doch irgendeiner mal anfangen, sich von der

Intergalaktische Dimensionen

Begrenztheit des menschlichen Daseins zu lösen! Ich ließ meine Volleyballgedanken ungehindert durch Zeit und Raum schweifen, und heraus kam dabei eine ganze Menge! Mein Name ist Guru, und ich werde Euch nun erleuchten.

Das Buch hier ist ja ganz nett, es könnte fast von mir sein. Und zugegeben – Ihr habt hier Dinge über Volleyball erfahren, die Ihr noch nie zuvor irgendwo geschrieben fandet! Aber Ihr wollt Euch nun satt zurücklehnen und glaubt, alles zu wissen? Nichts wißt Ihr, gar nichts, denn Volleyball ist mehr, viel mehr!

Ich werde Euch jetzt erst mal erzählen, wie ich das Volleyball-Weltgeschehen schon bisher recht erfolgreich beeinflußt habe, und dann schildern, was ich für die Zukunft noch alles plane. Ihr werdet mit den Ohren schlackern!

Die Regeln dieses Spiels waren mir immer schon ein Dorn im Auge. Vor einigen Jahren, als die Tiere immer tierischer wurden, erleuchtete ich die Regelkommission. Seither dürfen die Blocker ihre Prankenwand auch jenseits der Netzkante aufbauen. Doch nicht nur der aktive Block, auch die Einführung von Antennen ging auf mein Konto. Ich wollte erreichen, daß alle Spieler dieser Welt auf dem Feld meine Erleuchtungen empfangen konnten.

Obwohl die Prügler nun nur noch innerhalb dieser neun Meter hämmern durften, kamen die abwehrenden Mannschaften bald wieder ins Hintertreffen. Mit einem simplen Trick brachte ich die Welt ins Lot. Man mußte drei Ballberührungen erlauben, selbst wenn das Ei bereits den Block gestreift hatte! Jetzt durfte also schon viermal auf jeder Seite gemurmelt werden. Ein großer Fortschritt gelang mir dann, als ich dem Doppelschlag in der Abwehr zum Regel-Durchbruch verhalf. Denn nun sind schon fünf Berührungen möglich, und mein Ziel ist es, daß alle sechs Spieler pro Team irgendwie mal ran dürfen!

Ich sage Euch jetzt, wie ich mit Hilfe der weißen Murmel die beiden großen Probleme dieser Welt lösen werde – den Religionsfanatismus und den Polit-Zirkus!

Muß es heutzutage wirklich noch sein, daß sich ganze Völker aus religiösen Gründen bekriegen? Daß Menschen sich weigern, Andersgläubige anzuerkennen? Die weiße Murmel könnte doch so leicht alle Religionen vereinen!

„Allah ist groß", sagen moslemische Volleyballer. Dann eignet er sich bestens als Hauptangreifer auf der Position IV! „An Jesus kommt keiner vorbei", behaupten christliche Volleyballer. Wunderbar, wir stellen ihn gegen den gegnerischen Hauptangreifer auf unsere Position II! Buddhistische Volleyballer verehren eine Gottheit mit sechs Armen. Der ideale Mittelblocker! Und hinduistische Volleyballer glauben, daß jedes irre Tier als dicker kleiner Steller wiedergeboren wird. Somit finden wir sicher auch rasch einen Spielmacher! Die beiden restlichen Positionen könnte man mit einem Woodoo-Priester und einem Nihilisten besetzen, wegen des Proporzes. An diese Mannschaft könnten alle glauben! Und natürlich mit Ken Guru als Coach.

Das andere große Problem dieser Welt ist – bisher noch – die Politik. Überall streiten sich die klassischen Parteien, anstatt sich miteinander für tatsächliche Verbesserungen einzusetzen. Hat denn noch niemand erkannt, daß das Volleyballspiel auch hier eine verblüffende Lösung liefern kann?!

Als politisches Spektrum genügt in jedem Land eine Breite von neun Metern! Verfassungskonform ist nur, was sich innerhalb dieses Spektrums bewegt. Das Zentrum der Macht, wo die Fäden gezogen werden, ist etwas rechts von der Mitte, aber doch deutlich weiter links als rechtsaußen. Rechts vom Machtzentrum kommt am besten ein Linker zurecht, linksaußen tun sich dagegen die Rechten leichter. In der Mitte profilieren sich die schnellen Aufsteiger, sofern der liberale Block sie zur Geltung kommen läßt. Bei Gefahr entstehen Zweierkoalitionen, wobei sich die Mitte nicht zu schade sein darf, sich auch einmal ein paar Schritte auf links oder rechts zuzubewegen! Bei äußerster Gefahr sind große Koalitionen durchaus sinnvoll, doch ist die Wahrscheinlichkeit, daß sich ein Rechter und ein Linker gleichzeitig zum Schulterschluß mit der Mitte bereiterklären, bekanntermaßen nicht sehr

groß. Ein solches Kabinett – mit vier Rechten, einem Linken und einem Chef mit Richtlinienkompetenz – wäre der Idealfall! Der Chef könnte dann sogar selbst ein Linker sein! Dieses Modell kann ich jedem Land wirklich nur ans Herz legen.
In diesem Zusammenhang werde ich immer wieder gefragt, was ich eigentlich von den Grünen halte. Bis vor kurzem wußte ich gar nicht, in welcher Liga die überhaupt spielen. Ich habe sie mir dann einmal angeschaut und bin zu dem Schluß gekommen, daß mit denen im Moment volleyballerisch noch kein Staat zu machen ist. Mitten in einer Saison wechseln sie unmotiviert die ganze Mannschaft aus. In der Netzreihe haben sie anstelle eines Realo-Blocks lauter am Boden verwurzelte Fundamentalisten, während hinten dann die Spontis die Löcher in der Abwehr stopfen sollen! Und der Vorschlag, künftig statt mit einer weißen mit einer grünen Murmel zu spielen, ist zwar durchaus progressiv, aber als einziges inhaltliches Konzept doch noch etwas mager...
Jedenfalls habe ich Euch jetzt hoffentlich klargemacht, daß religiöse und politische Streitigkeiten wirklich unnötig sind. Ihr habt Bedenken, weil es auf einer friedlichen vereinten Welt rasch langweilig würde? Weil die Menschheit dann kein Ziel mehr vor Augen hätte? Vertraut doch einfach Eurem Guru! Genau dieses neue Ziel will ich Euch nennen! Schlackert jetzt bitte nicht mehr mit den Ohren, sondern sperrt Eure Lauscher auf und laßt Euch durch meine Visionen begeistern!
Ich darf Euch an die berühmten Ausbaggerungen von Pritchtown erinnern, wo uns die Höhlenmalereien beweisen, daß fünf Gorillas und ein Schimpanse in grauer Vorzeit wie aus heiterem Himmel erleuchtet wurden. Plötzlich waren ein paar Affen athletischer und gewitzter als die übrigen Flachstirnviecher. Sie setzten sich evolutionsmäßig durch und prägten die Menschheit. Zufall?
Ich, Ken Guru, glaube nicht an Zufälle! Erich von Däniken mit seinen Büchern und Stanley Kubrik mit dem Film „Odyssee 2001“ – sie waren grundsätzlich schon auf der richtigen Spur! Vor tausenden von Jahren hatte unsere Erde offenbar Besuch aus dem Weltraum. Technisch hochbegabte Supervolleyballer hatten während der Reise zu einem interstellaren Auswärtsspiel auf unserem Planeten Zwischenstation gemacht, um sich die Beine zu vertreten. Sie packten ihre weiße Murmel aus und klopften ein bißchen hin und her. Als einige unserer Vorfahren staunend und beifallgrunzend hinter den Bäumen hervorkamen, leisteten die Außerirdischen spontan kosmische Entwicklungshilfe. (Allerdings keine kosmetische, denn mit der Enthaarung der Menschheit sollte es noch ein Weilchen dauern!). Sie zeigten den Affen, was „volley“ bedeutet, und verschafften damit genau dieser Horde den ent-

scheidenden Intelligenzvorsprung. Bei ihrem Abflug entschlossen sich die Supertechniker, der Menschheit noch einen Wegweiser zu hinterlassen. Quasi einen Intelligenztest mit Langzeitwirkung.
Sie sammelten alle Brocken des um die Erde damals herumschwirrenden Asteroidengürtels zusammen, formten daraus eine große weiße Murmel und installierten sie auf einer festen Umlaufbahn rund um den Affenplaneten. Irgendwann, so hofften die Supertechniker, würden die Zottelwesen schon auf den Trichter kommen!
Glaubt mir! Ich, Euer Guru, habe das Geheimnis dieses intergalaktischen Wegweisers jetzt entdeckt! Seht die weiße Murmel in meinen Händen! Und seht die weiße Murmel da oben am Himmel! Genau in der Verlängerung der Linie zwischen beiden Murmeln müssen wir hinaus in den Weltraum fliegen. Koordinaten 15:12/15:11/15:7, fünfundvierzig Lichtjahre entfernt! Dort ist die Heimat der Supertechniker. Laßt uns eine Weltauswahl aufstellen, ein geeignetes Raumschiff bauen und unsere einstigen Lehrmeister besuchen! Die werden nicht schlecht staunen, was aus uns geworden ist! Der Flug wird lange genug dauern, daß wir unterwegs aus der Weltauswahl ein eingespieltes Team formen können.
High-Tech-Volleyball! Wir werden Laserschüsse anwenden und uns in der Abwehr an die richtige Stelle beamen. Wir werden mit verwirrenden Kombinationen n-ten Grades arbeiten und unserem Zuspieler zur besseren Informationsverarbeitung einen 4-Mega-Chip ins Hirn setzen. Unser Telepath wird darauf geschult, die Gedanken des gegnerischen Spielmachers zu ermitteln. Dank der Erkenntnisse unserer Genforschung werden wir in der Lage sein, im Sprung die Biomolekularstruktur der Schlaghand so zu verändern, daß eine Granate ansatzlos zum butterweichen Lob wird und umgekehrt. Wir werden eindrucksvoll beweisen, was aus Affen alles werden kann, wenn sie ihr Hirn einschalten!
Wir Menschen werden uns immer tiefer in die endlosen Weiten des Volleyballuniversums hineintasten. Die Minivolleyballer von heute sind die Sternenkinder von morgen. Volleyballer – ich rufe Euch: Folgt mir nach! Wenn Ihr bisher noch nicht wußtet, warum Volleyballer eigentlich Volleybälle ballern wollen, so erfahrt Ihr es jetzt:
Volleyballer wollen Universalspieler sein! Stammspieler in der Auswahlmannschaft der eigenen Galaxie, immer und überall universell einsetzbar, schließlich einberufen in den erweiterten Kader des gesamten Universums! Universalspieler – klodeckelgroße Pranken u n d goldene Finger! Volleyballer – denkt intergalaktisch! Und ich persönlich werde nie aufhören, zum Thema „weiße Murmeln“ weise zu murmeln. Denn tief in mir spüre ich ihn, den intergalaktischen Urknall!

ISBN 3-922067-61-1

13.–16. Tsd 1991

Lektorat: Konrad Honig

Illustrationen: Helmut Mauch

Gesamtherstellung: Graphische Betriebe E. Holterdorf, D-4740 Oelde